잘 먹히는
공감 실전화술

인간심리를 기초로 한 이기는 말 연습

"KORE DAKE WA SHITTE OKITAI SALES TALK NO KIHON TO JISSEN TECHNIQUE"
By Tadaaki Hakoda

First published in Japan by FOREST Publishing, co., Ltd., Tokyo.

This Korean edition is published by arrangement with FOREST Publishing, co., Ltd., Tokyo in care of Tuttle–Mori Agency, Inc., Tokyo through Eric Yang Agency, Seoul.

잘 먹히는 공감 실전화술

인간심리를 기초로 한 이기는 말 연습

하코다 타다아키 지음 | 안양동 옮김

RITEC CONTENTS

프롤로그

사람은 "NO!"에 익숙하다

상상해 봅시다. 여러분은 백화점에 옷을 사러 갔습니다. 매장에서 둘러보고 있는데 점원이 살며시 다가와 말을 겁니다.

"눈썰미가 좋으시네요, 고객님. 지금 보시는 이 옷은 신상으로 아주 인기가 좋아요. 한 번 입어보시겠어요?"

이런 상황이 되면 여러분은 귀찮은 생각에 "아닙니다.", "괜찮습니다." 라고 대답하지 않으시나요?

그러면 이번에는 상황을 바꿔볼게요. 여러분이 무언가 필요합니다. 여러분이 찾는 물건을 점원이 들고 와서 장황한 설명과 함께 구매하라고 무언의 재촉을 합니다. 이때 여러분은 더 좋은 것이 나올지도 모른다고 생각이 들어 "아직은 괜찮습니다.", "필요 없습니다."라고 대답하지는 않나요?

이처럼 사람의 심리는 보통 사물을 부정적으로 바라보게 되어 있습니다. 의심하는 것이지요. 즉 아무리 상품이 좋고, 가격이 저렴하더라도 우선 "NO!"라고 대답하고 보는 것입니다.

그런데 이런 사실이 일반적인 사람의 심리라니 매일 사람을 만나고, 대화하고, 설득하고, 나를 소개하고 세일즈해야 하는 여러분, 눈앞이 깜깜해지지 않나요?

미국 금융업계의 '과학적 마케팅기법의 원조'이자 신적인 존재로 칭송받는 프랭크 베트거(Frank Bettger, 1890~1981)는 다음과 같은 말을 했습니다.

"고객의 거절의 62%는 가짜 거절이다. 진짜 거절은 38%에 지나지 않는다."

베트거는 5,000번이 넘는 자신의 방문경험을 바탕으로 이런 결과를 밝혔는데요. 여기서 62%의 가짜 거절은 거짓말이나 핑계 또는 습관에 의한 거절이었습니다. 그러니까 상대의 처음 "NO!"는 충분히 "YES!"로 바뀔 수 있습니다.

결국, **중요한 것은 상대방의 진짜 심리를 끌어내어 내 의사를 전달하고, 내 생각에 동의할 마음이 생기도록 하기 위한 화술입니다.**

사람에게는 '싫어하는 사람한테서는 물건을 사지 않는다', '사물을 일단 부정적으로 생각한다'는 공통된 '심리', '행동패턴'이 있습니다. 이러한 사람의 '심리', '행동패턴'에 기초한 화술을 구사한다면 상대방을 충분히 설득하고, 공감을 얻어 내 편으로 만들 수 있습니다.

저는 20대 때 다양한 영업 활동을 통해 실전에서 **'사람의 심리에 기초**

한 화술'을 경험을 하고 아주 효과가 있다는 것을 실감했습니다. 41세에 창업했는데, 그때에는 모든 것이 제로상태에서부터 시작하였습니다. 그렇게 상대방을 다시 설득해야 하는 활동을 새로 시작하였는데 '사람의 심리에 기초한 화술'을 활용한 덕분에 순조롭게 매출이 성장할 수 있었습니다.

이 책에는 제가 다년간 실전에서 얻은 경험과 연간 300회 이상의 세미나를 통한 교육, 그리고 미국과 일본에서 배운 마케팅 이론에 기초하여 지금 당장에라도 도움이 될 수 있는 '사람의 심리에 기초한 화술'을 구체적으로 기록하였습니다. 실제로 이런 가르침을 익히고 실천하였던 한 지인은 1년 만에 7배의 성과를 올렸습니다.

이 책은 다음과 같이 구성되어 있습니다.

제1장: 사람의 행동패턴. '사람의 행동패턴'을 알면 설득 성공률이 높아집니다.

제2장: 어프로치를 위한 화술. 상대방이 나를 싫어하면 대화를 시작도 할 수 없지요. 상대방이 호감을 느끼게 하는 화술이 따로 있습니다.

제3장: 듣기 화술. 대화를 잘하는 사람은 들어 주는 것도 잘합니다. 말을 잘 들어주면 자기 이야기를 술술 쏟아 냅니다. 이를 이끌어 내는 화술이 있습니다.

제4장: 질문 화술. 상대방이 호감을 느끼게 하고, 상대방의 진짜 속

내를 알아내기 위해서는 질문이 가장 유용합니다.

제5장: 프레젠테이션 화술. 프레젠테이션에서는 단순한 상황 설명만 늘어놓기보다는 상대방이 얻게 될 이익을 강조하며 설명하는 '설득 화술'이 필요합니다.

제6장: 거절처리 화술. 상대방이 반대나 거절 의사를 보이는 상황에서 절대로 물러서지 마세요. 반대나 거절 의사는 다른 의견에 관심이 있다는 것을 보여주는 계기가 됩니다.

그러니까 상대의 반대나 거절을 두려워하지 말고 상대방의 진짜 속내를 알 수 있는 좋은 실마리라고 생각하면서 환영하세요. 거절 대처법을 숙지하면 상대방의 "NO!"는 더는 두렵지 않습니다.

제7장: 클로징 화술. 떠날 때를 아는 사람의 뒷모습이 아름답다고 하지요. 좋은 마무리, 깔끔한 마무리는 또 다른 시작으로 이어지기도 합니다. 클로징을 위한 화술이 필요한 때입니다.

자신을 타인에게 소개하는 일이 서툰 사람, 상대와 매끄러운 인간관계를 맺고 싶은 사람, 상대를 설득하고 싶은 사람, 사람을 재산으로 쌓길 원하는 사람이라면 이 책이 길잡이가 되어줄 것입니다. 충분히 숙지하여 목표달성을 실현하시기 바랍니다.

인사이트러닝 대표이사
箱田忠昭(하코다 타다아키)

CONTENTS

프롤로그 • 4

제1장

아무리 노력해도 제자리걸음

1 사람의 머릿속은 부정적 사고가 우세하다 …… 14
2 상대방은 무엇을 원할까? …… 16
3 '사람의 심리'를 알면 설득과 공감에 성공한다 …… 18
4 '무엇'보다 중요한 '누가' …… 20
5 인간관계의 심리 '치알디니 법칙' …… 22
6 모든 대화는 사람들 간에 이루어진다 …… 24
7 대화에 중요한 사람의 3대 심리란? …… 26
8 3대 심리 ① 사람은 사실이 아니라 말에 반응한다 …… 28
9 3대 심리 ② 사람은 불투명한 시각을 갖고 모호한 생각을 한다 …… 30
10 3대 심리 ③ 사람은 항상 사물을 부정적으로 생각한다 …… 32
11 사람의 '행동패턴'을 알면 대화는 성공적이다 …… 34
12 사람의 행동패턴 '자이언스의 법칙' 알기 …… 36

제2장

상대방이 공감하고 싶어지는 '마법의 화술'

1 상대방이 나를 좋아하게 만드는 화술이란? ····· 42
2 좋은 인간관계를 구축하기 위한 '공감 영역'을 만드는 화술 ····· 44
3 상대방에게 호감을 사는 여섯 가지 실전 화술 ····· 48
4 호감을 사는 여섯 가지 실전 화술 ① 칭찬하기 ····· 50
5 호감을 사는 여섯 가지 실전 화술 ② 선물하기 ····· 52
6 호감을 사는 여섯 가지 실전 화술 ③ 질문하기 ····· 54
7 호감을 사는 여섯 가지 실전 화술 ④ 시각자료 보여주기 ····· 56
8 호감을 사는 여섯 가지 실전 화술 ⑤ 아이디어 제공하기 ····· 58
9 호감을 사는 여섯 가지 실전 화술 ⑥ 서비스 제공하기 ····· 60
10 상대방과 좋은 관계를 맺기 위한 'NLP 이론' ····· 62
11 상대방에게 맞춘 대화로 호감을 산다 ····· 64
12 상대방과 보조를 맞추는 '페이싱'을 활용한 대화 ····· 66
13 페이싱의 세 가지 기법 ····· 68
14 페이싱 '하나 더하기' 화술 ····· 72

제3장

상대방의 호감을 사는 '듣기 화술'

1 '잘 듣기'를 하면 설득과 공감에 성공하는 대화에 가까워진다 ····· 78
2 듣기의 다섯 가지 화술 ① 고개 끄덕이기 효과 ····· 80
3 듣기의 다섯 가지 화술 ② 맞장구 효과 ····· 82
4 듣기의 다섯 가지 화술 ③ 시선 효과 ····· 84
5 듣기의 다섯 가지 화술 ④ 질문 효과 ····· 86
6 듣기의 다섯 가지 화술 ⑤ 메모 효과 ····· 88

제4장

호감 가는 사람으로 기억되는 '질문 화술'

1 듣는 역할을 잘하면 상대방의 요구를 알게 된다! ······ 94
2 대화가 부드럽게 진행되는 'Yes • Taking법' ······ 98
3 '사람에 대한 질문', '현상에 대한 질문', '문제에 대한 질문' ······ 102
4 질문 화술 ① 마법의 질문 '만약에 ~라면' ······ 106
5 질문 화술 ② 해결암시형 ······ 108
6 질문 화술 ③ 성공사례 제시형 ······ 110
7 질문 화술 ④ 이익 강조형 ······ 112
8 질문 화술 ⑤ 역질문형 ······ 114

제5장

설득과 공감을 위한 '최적의 프레젠테이션 화술'

1 프레젠테이션을 부드럽게 하기 위한 준비 ······ 118
2 상대방의 이익을 강조하는 '설득 화술' ······ 120
3 연결어를 활용한 '설득 화술' ······ 122
4 아홉 가지 증거로 상대방의 이익을 강조하는 화술 ······ 124
5 '시각'에 호소하는 프레젠테이션으로 설득력을 높인다 ······ 128
6 '설득력'이 있는 이야기의 흐름 '화술 버거' ······ 130

제6장

위기를 기회로! 반드시 알아둬야 할 '거절처리 화술'

1 거절당하더라도 개의치 않는다 ···· 136
2 거절에 효과적인 '완충 화술' ···· 140
3 상대방의 속마음을 끌어내기 위한 확인질문 ···· 144
4 제3자의 의견을 빌려 이야기한다 ···· 148
5 여섯 가지 거절을 확인하고 이야기한다 ···· 150
6 거절에 대답하는 네 가지 타이밍 ···· 154
7 거절에 대처하는 최상의 화술 'READY법' ···· 158

제7장

설득과 공감을 불러일으키는 '클로징 화술'

1 상대방의 최종의사를 확인하는 '테스트 클로징' ···· 164
2 '대차대조표'를 활용한 화술로 클로징한다 ···· 168
3 설득과 공감보다 중요한 후속관리 ···· 172
4 목표달성 이후 가장 중요한 여섯 가지 후속관리 ···· 174
5 "NO!"라는 말을 듣더라도 After Follow 한다! ···· 178

부록

공감을 부르는 실전응용 Work Book 24가지 • 183

성공의 비결은 목표를 향하여 정진하는 데 있다.

_D. 벤자민

1-1 사람의 머릿속은 부정적 사고가 우세하다
1-2 상대방은 무엇을 원할까?
1-3 '사람의 심리'를 알면 설득과 공감에 성공한다
1-4 '무엇'보다 중요한 '누가'
1-5 인간관계의 심리 '치알디니 법칙'
1-6 모든 대화는 사람들 간에 이루어진다
1-7 대화에 중요한 사람의 3대 심리란?
1-8 3대 심리 ① 사람은 사실이 아니라 말에 반응한다
1-9 3대 심리 ② 사람은 불투명한 시각을 갖고 모호한 생각을 한다
1-10 3대 심리 ③ 사람은 항상 사물을 부정적으로 생각한다
1-11 사람의 '행동패턴'을 알면 대화는 성공적이다
1-12 사람의 행동패턴 '자이언스의 법칙' 알기

제1장

아무리 노력해도 제자리걸음

1-1 사람의 머릿속은 부정적 사고가 우세하다

사람은 사전 지식이나 정보 없이는 아무 일도 할 수 없습니다.

예를 들어 편의점에서 파는 호빵을 생각해 보세요. 한국 사람이라면 편의점의 호빵을 보고 '겨울'이 왔음을 실감하고, 그 속에 든 내용물에 따라 팥호빵, 채소호빵, 피자호빵 등을 떠올리고 입맛을 다실 거예요. 하지만 외국 사람은 눈으로 보았을 때 단순하게 반구모양의 빵으로만 인식합니다. 호빵에 대한 사전 경험이 없기 때문이지요.

대화도 마찬가지입니다. 나의 의사는 꺼내보지도 못하고 남의 말만 일방적으로 듣기만 했거나 달콤해 보이는 말에 속은 경험이 누구나 한 번쯤은 있을 것입니다. 그런 경험이 있는 사람에게 **낯선 사람이 말을 걸어오는 일은 경계와 의심의 대상이 됩니다.**

과거의 경험 때문에 대화의 부정적 이미지를 떠올리는 것이지요. 하지만 상대가 거부하고 거절하더라도 신경 쓰지 마세요. 상대가 대화에 대해 부정적인 이미지를 갖고 있다는 것을 전제로 이야기를 이어나가면 됩니다.

사람은 과거의 경험을 바탕으로 생각한다

일방적인 대화
억지 대화
속은 경험
됐습니다!
한 번 들어보세요
사람의 머릿속은 부정적 사고가 우세하다
사람은 사전 지식이나 정보 없이는 아무 일도 할 수 없다

1-2 상대방은 무엇을 원할까?

대화하면서 쓸데없는 에너지 소모를 피하기 위해 '인정에 호소하라'고 합니다. 인정호소란 상대의 심리를 자극하여 인간성, 측은지심* 등에 의지하는 것이지요.

그런데 과연 상대의 인정에 호소한다고 해서 목적을 달성할 수 있을까요? 안타깝지만 절대 불가능합니다.

이 사실은 대화의 첫 단계에서 반드시 기억하고 있어야 합니다.

대화할 때에는 '상대방의 요구'를 가장 중요시해야 합니다.

예를 들어 자동차 세일즈맨과 고객이 다음처럼 대화합니다.

세일즈맨은 "지금 구매하시면 추가로 할인 혜택을 드립니다.", "이 차는 연비가 좋아서 경제적입니다."와 같은 말들을 반복합니다.

하지만 상대방이 원하는 목적이 다른 것이라면 어떻게 될까요?

상대방은 이렇게 대답합니다. "그런 것들은 필요 없습니다. 가족과 함께 탈 차이니 안전성 평가 점수가 높은 차를 원합니다. 돈은 그다지 신

* 측은지심(惻隱之心): 인간의 심성을 설명하는 성리학의 개념에 사단칠정(四端七情)이 있다. 이 측은지심은 사단(四端) 가운데 하나로 상대를 불쌍히 여겨 괴로워하는 마음을 말한다.

경 쓰지 않습니다."

결국, 판매하기 좋은 상황에서 기회를 놓치고 말았습니다.

즉 가장 먼저 상대방이 원하는 바를 제대로 파악하는 것이 필요합니다. 요구를 파악하기 위해서는 **'질문 화술'로 상대와의 대화 속에서 정보를 수집하는 것이 필수입니다.**

상대방의 요구를 파악한다

1 상대방으로부터 정보를 수집한다

2 상대방의 요구를 알아낸다

3 설득과 공감에 성공한다

상대방과의 대화 속에서
정보를 수집하는 것이 필수!

1-3 '사람의 심리'를 알면 설득과 공감에 성공한다

상대방에게 아무리 좋은 얘기라도 상대방이 들으려고 하지 않으면 아무런 의미가 없습니다. 무리하여 설득을 강요할 것이 아니라 스스로 깨달아야 상대는 마침내 의견을 수용합니다.

이해하게 하기 위해서는 '사람의 심리'를 알 필요가 있습니다.

"저는 충분히 들을 준비가 되어 있습니다. 저는 무엇을 하면 좋을까요?"라고 하면서 대화를 걸어오는 사람이 과연 있을까요? 만약 그런 사람이 정말 있다면 의심해 봐야 합니다.

즉 '사람의 심리'를 이해한 다음에 대화할 필요가 있습니다.

그리고 '사람의 심리'를 아는 것뿐만 아니라 여러분이 설득을 시키는 당사자로서 우선 의견을 제시하는 데만 급급해 하지 말고, 여러분 자신을 알리고 상대방에게 호감을 느끼게 할 필요가 있습니다.

설득이나 공감을 얻으려고 하는 대화는 그것을 목적으로 하는 사람이 이야기를 이끌어 갑니다. 나중에 설명하겠지만 '상대방이 싫어하게 되면 끝'이라고 하는 것이 이런 대화의 기본입니다.

그러므로 상대방이 좋아하는 것을 실천해 가는 것이 필수이지요. 상대방이 여러분을 좋아하게 된다면 다음은 무리하게 애쓰지 않더라도 자연스럽게 대화가 연결됩니다.

아무리 좋은 이야기라 할지라도 들을 준비가 되지 않은 사람도 많다는 사실을 잊어서는 안 됩니다.

상대방이 듣고 싶어 하면 대화가 성사된다!

1 사람의 심리에 입각한 대화

2 상대방이 호감을 느낀다

3 설득과 공감에 성공한다

잊지 말자!
아무리 좋은 이야기도
들을 준비가 되지 않은 사람도 있지!

1-4 '무엇'보다 중요한 '누가'

사람은 알지 못하는 사람의 이야기는 잘 믿으려 하지 않습니다.

상대방을 설득하려는 대화에서는 '무엇'을 말하는지보다 '누가' 말하는지가 중요합니다.

세미나에서 이런 말을 자주 합니다. "정보는 말하는 사람에 따라 중요도가 달라진다."

"서울에 소행성이 떨어진다고 해요."라고 편의점 점원이 말하더라도, "아, 그래요?"라고 반사적으로 대답할 것입니다. 그런데 미국항공우주국(NASA)이 성명을 발표하고 "2일 후 대한민국 서울에 소행성이 충돌할 예정입니다."라고 한다면 빨리 떠날 준비를 하겠지요.

'누가 이야기하는가'는 '누가 파는가'와 같은 맥락입니다. 세일즈의 세계도 마찬가지인 거지요.

새 차를 사야겠다고 생각하고 있던 사람 앞에 험상궂게 생긴 세일즈맨이 불러 세웠다고 가정해 보세요.

"사장님, 사장님! 잠깐만 저 좀 봐 주세요. 사실은 새 차가 있는데 사지 않으실래요? 3000만 원짜리를 반값인 1500만 원에 팔고 있는데, 어떠세요?"

그러면 누구라도 당연히 "NO!"라고 말하고는 빠져 나올 것입니다.

왜 거부감이 들까요? 왜 쉽게 받아들이지 못할까요? 그 이유는 말을 걸어온 사람이 전혀 알지 못하는 사람이기 때문입니다.

즉 '누가 이야기를 하는가' 라는 점이 중요합니다.

사람은 모르는 사람을 믿으려 하지 않는다

대화에서 중요한 관점은?
누가 이야기하는가
무엇을 이야기하는가
맞아
맞아
누가
이야기하는지가
중요하지
'누가 이야기를 하는가' 라는 점이 중요!

1-5 인간관계의 심리 '치알디니 법칙'

사람은 '신뢰하지 않는 사람이 말하는 것은 믿지 않는다', '모르는 사람과는 거래하지 않는다', '싫어하는 사람한테는 물건을 사지 않는다'고 합니다.

앞서 험상궂게 생긴 자동차 세일즈맨의 예도 '무언가를 구매'할 때의 사람심리를 나타내주고 있습니다.

같은 자동차라도 친구가 권유한다면 아마도 덜 고민하고 사겠지요. 차를 사야겠다고 생각하고 있었다면 조금 비싸더라도 살 것입니다. 구매하기로 마음먹은 뒤에는 알고 있고, 느낌도 괜찮은, 좋은 사람한테서 사겠다고 잠재적으로 생각할 것입니다.

미국 애리조나주립대학 로버트 치알디니(Robert Cialdini, 1945~) 교수가 연구한 '치알디니 법칙'이라고 불리는 인간관계의 법칙이 있습니다.

이 법칙에서는 **'사람은 호의를 가진 사람의 요청을 받으면 그것에 적극적으로 응하려고 한다'**고 합니다.

만약에 신뢰관계가 구축되어 있고, 더구나 상대방이 여러분을 믿고, 좋아한다면 굳이 '설득하려' 애쓰지 않아도 됩니다. 오히려 상대방이 "어떻게 하면 될까요?", "무엇이든 하고 싶어요."라고 의사를 표현해 올 것이기 때문입니다.

치알디니 법칙이란?

사람은 호의를 갖고 있는 사람한테서
받은 요청에는 적극적으로 응하려고 한다

그러므로

상대방이 당신을 좋아한다면 굳이
'설득하려고' 하지 않아도 설득시킬 수 있다!

나를
좋아하게
만들자!

사람은 '알고 있고', '느낌이 괜찮은'
좋은 사람한테서 사겠다고 잠재적으로 생각하고 있다

1-6 모든 대화는 사람들 간에 이루어진다

국가 간의 큰 프로젝트나 협상은 반드시 '좋아한다고 해서' 모두가 잘 되는 것은 아닙니다. 영토문제로 갈등 중인 두 국가 A와 B가 있다고 가정해 볼게요. A 국가의 수상이 B 국가에 방문하여 외무부장관의 마음에 들어 친분을 쌓았다고 합니다.

그렇다고 해서 "이야, 저와 통하는 점이 많으시네요. 정말 마음에 들었습니다. 그럼 북방영토를 반환하겠습니다."라고 하지 않습니다.

극단적인 예이기는 하지만, 대규모 거래에서는 사람심리만으로는 성공하지 못하는 법입니다.

그런데 대부분의 협상이나 대화는 두 국가 간의 관계수준이 아닙니다. 일반적인 대화에서는 "마음에 들었습니다. 좋습니다. 당신한테 맡겨보지요."라든가 "당신이라면 안심이 됩니다. 당신 말을 따르지요."라고 하는 경우가 많지요.

대화의 상대방은 국가나 기업이 아니라 결국 사람입니다. 상대방이 설령 유명한 대기업의 고위 임원이라도 걱정하지 마세요. 결국에는 항상 **이야기를 나눌 상대는 사람**이기 때문입니다.

대화는 사람들 간에 이루어진다

대화의 상대는 기업,
직위가 아니라 사람이다

모든 대화와 협상은 사람들 간에 이루어진다

1-7 대화에 중요한 사람의 3대 심리란?

여기서는 상대방의 마음을 얻고, 공감을 얻는 대화에 중요한 '사람의 3대 심리'에 대해 설명해 드리겠습니다.

사람의 3대 심리란 다음과 같습니다.

1. 사람은 사실이 아니라 말에 반응한다
2. 사람은 항상 불투명한 시각을 갖고 모호한 생각을 한다
3. 사람은 항상 사물을 부정적으로 생각한다

이와 같은 사람의 심리를 기억한다면, 설득과 공감에 성공하는 대화를 이끌 수 있습니다.

첫째 **'사람은 사실이 아니라 말에 반응한다'**. '말 한마디로 천냥 빚을 갚는다'라는 속담도 있지요. 즉 사실이든 아니든 단 한마디 말에 의해 여러분의 평가는 좋아지기도 하고 나빠지기도 하는 것입니다.

둘째 **'사람은 항상 불투명한 시각을 갖고 모호한 생각을 한다'**. 사람은 모호하고 불완전한 존재입니다. 그때그때 감정이나 기분, 몸 상태 등에 따라 불합리한 판단이나 행동을 하지요.

셋째 **'사람은 항상 사물을 부정적으로 생각한다'**. 세일즈 상황에서 고객이 상품을 구매하기로 마음먹고 있다고 가정해 보겠습니다. 이때 대화의 상대방이 되는 고객은 진심으로 구매하고자 할 때 상품에 대한 점검은 점점 깐깐해지고 부정적이게 됩니다.

사람의 3대 심리

1 사람은 사실이 아니라 말에 반응한다
2 사람은 항상 불투명한 시각을 갖고 모호한 생각을 한다
3 사람은 항상 사물을 부정적으로 생각한다

사람의 심리를 알지 못하면 대화에 실패한다

1-8 3대 심리 ①
사람은 사실이 아니라 말에 반응한다

여러분이 길을 걷고 있을 때 반대쪽에서 다가온 사람이 갑자기 "당신은 바보야!"라고 말한다면 어떻게 하시겠습니까? 어떤 느낌이 들까요? 아마도 울컥 화가 치밀어 오를 것입니다. 기분이 나빠져 감정적으로 변하기도 하겠지요.

반대로 "당신은 좋은 사람이군요!"라든가 "머리가 좋군요!"라는 말을 듣게 되면, 그 이야기만으로도 기분이 좋아질 것입니다.

그런데 사람은 다른 사람의 말 때문에 바보가 되거나 머리가 좋아지지는 않습니다. 이처럼 **사람의 심리는 사실 여부와 관계없이 말에 반응하는 것입니다.**

목적이 있는 대화도 단지 무언가를 이야기한다고만 해서 달성할 수 없습니다.

마음을 담아 상대방이 좋아하고, 수용할 수 있는 이야기를 했을 때 그 말은 힘을 갖게 되는 것입니다. 속담에 '말 한마디로 천냥 빚을 갚는다'고 하였습니다. 어마어마한 빚도 갚을 수 있을 만큼 엄청난 힘을 지녔다고 할 수 있지요.

상대방을 잘 설득하고, 호감을 얻고 싶은 사람이라면 한마디 한마디에 정성을 담으세요. 또한, 상대방이 기분 좋아할 것만이 아니라 싫어하는 것을 피해야 하는 사실도 잊어서는 안 됩니다.

한마디 한마디 세심한 주의를 기울이기 바랍니다.

3대 심리 ① 사람은 사실이 아니라 말에 반응한다

사람은 사실이 아니라 말에 반응한다

↓ 그러므로

대화 시 주의사항

- 상대방이 기분 좋아할 것을 말한다
- 상대방이 싫어할 것은 말하지 않는다

상대방의 기분을 상하게 하면
'대화를 시도조차 할 수 없는' 상황이 온다

1-9

3대 심리 ②

사람은 불투명한 시각을 갖고 모호한 생각을 한다

한 이야기가 있습니다. 크리스마스이브 밤 부잣집에 도둑이 잠입했습니다. 보석을 훔쳐 나가려던 찰나 집에 사람이 돌아왔기 때문에 훔친 보석을 가까운 크리스마스트리에 걸어두었습니다. 그러고 나서 주변에 몰래 숨어 있었는데, 집 안 사람들은 크리스마스트리 앞을 몇 번이고 왔다 갔다 하면서도 알아차리지를 못했습니다. 설마 보석이 크리스마스트리에 달려 있을 것이라고는 생각하지 못했던 것입니다.

이처럼 사람들은 일반적으로 '선입견'을 가지고 말을 이어갑니다.

그뿐만 아니라 범죄 목격 진술도 모호합니다. 목격자 진술에서 범인은 '호리호리한 체형의 피부가 하얀 20대'라고 했는데, 나중에 붙잡고 보니 '약간 살찐 체형의 피부가 까만 40대'인 경우가 많이 있습니다. 확실하지 않은 정보를 가지고 추상을 한 것이지요.

누구나 '모호함'을 가지고 있으며, 이것은 '사람심리'에도 존재합니다.

세일즈맨은 상품에 대해서는 지식이 풍부한 전문가입니다. 그런데 고객은 아무렇지도 않게 말할 것입니다.

"색깔이 좀 칙칙하군요."

"디자인이 세련되지 못하네요."

심혈을 기울여 연구개발을 하고, 열심히 마케팅을 하여도 고객은 아무렇지도 않게 자기감정이나 기분에 따라 이야기를 합니다.

그러므로 고객이 첫 만남에 "NO!"라고 말하면 습관이나 핑계에 의한 모호한 대답일 가능성이 높습니다. 이것은 대화를 통해 충분히 "YES!"로 바꿀 수 있습니다.

3대 심리 ② 사람은 불투명한 시각을 갖고 모호한 생각을 한다

사람은 불투명한 시각을 갖고 모호한 생각을 한다

↓ 그러므로

대화 시 주의사항

- 고객은 아무렇지도 않게 자기감정이나 기분에 따라 말을 한다
- 고객은 상품에 관해 선입견을 갖고 있다

고객의 "NO!"는
모호한 가짜거절일 가능성이 높다

1-10

3대 심리 ③

사람은 항상 사물을 부정적으로 생각한다

자주 연락이 오던 사람에게 소식이 끊긴다면 어떨까요? "아무런 연락도 없는 걸 보니 잘 되어가는 모양이군!"이라고는 생각하지 않을 것입니다. "무슨 일이라도 있나?"라든지 "연락을 주지 못하는 나쁜 일이 생긴 걸까?"라고 좋지 않은 쪽으로 생각하지 않을까요?

명품 업체 지사장을 역임했을 때의 일입니다. 당시 저보다 연상이었던 영업부장 P에게 "오늘 M 백화점에 들르면 진열장을 눈에 잘 띄는 곳으로 옮겨 달라고 하세요."라는 지시를 내렸습니다.

제 말을 듣자마자 P 부장은 "사장님, 그건 무리입니다."라고 대답하는 것입니다. 그래도 반드시 이야기하고 오라고 지시하였는데, 다녀와서는 엷은 웃음을 흘리면서 이렇게 말했습니다.

"사장님, 그 점원들이 그냥 웃던데요. 안 된다고 합니다. 물론 당연한 이야기이긴 하지만요."

이해할 수 없었습니다.

"P 부장, 당신은 상대방이 안 된다고 이야기하면 그냥 그걸로 끝나는 건가요? 말하는 것을 뭐든지 다 들어줄 거라면, 옥상에서 뛰어내리라고 하면 뛰어내릴 겁니까?"

"그렇지만 사장님. 이건 별개의 문제지 않습니까?"

결국, 제가 직접 외국 백화점의 사례를 시각자료로 만들어 백화점 측에 이야기하니 의견이 수용되었지요. "NO!"가 "YES!"로 바뀐 것입니다.

실전 화술은 상대방의 "NO!"를 충분히 "YES!"로 바꾸는 과정입니다.

3대 심리 ③ 사람은 항상 사물을 부정적으로 생각한다

사람은 항상 사물을 부정적으로 생각한다

↓

**만약 여러분이 상대방에게
연락을 전혀 취하지 않는다면 어떻게 될까?**

연락을 주지 못하는
나쁜 일이 생긴 걸까?
무슨 일이라도
있나?

↓

사람은 나쁜 쪽으로 생각한다

대화는 상대방의 "NO!"를
충분히 "YES!"로 바꾸는 과정이다

1-11 사람의 '행동패턴'을 알면 대화는 성공적이다

사람에게는 공통된 '행동패턴', 즉 '반응패턴'이 있습니다. 이것만 제대로 이해해도 대화의 설득과 공감 성공률은 비약적으로 증대될 것입니다.

상대의 '행동패턴'을 알면 "어떻게 하면 나에게 호감을 느낄 수 있을까?"에 대한 답을 얻을 수 있기 때문입니다.

대화의 최종목표는 '단순한 설득과 공감만이 아니라 좋은 인간관계구축하기'에 있습니다. 상대방과 좋은 인간관계를 만드는 첫걸음은 바로 자기를 포함해 다른 사람을 아는 것입니다.

우선 자신과 타인을 불문하고 사람의 심리까지 포함한 '행동패턴'을 이해하고 대화를 나눔으로써 정말 사람을 알고, 실패 없는 대화로 목표를 이룰 수 있습니다.

설득당하는 입장에서 아무리 공감이 가는 내용의 대화라도 설득하는 사람이 마음에 들지 않으면 이야기는 듣고 싶어지지 않습니다. 무엇보다 호감이 느껴지는 사람이 되어야 합니다.

대화를 잘 이끌려면 '3호(好)'가 준비되어 있어야 합니다. 3호에는 **'호감(好感)'**, **'호의(好意)'**, **'호인상(好印象)'**이 있습니다.

만약 상대방에게 이것들을 줄 수만 있다면, 그 상대방은 귀 기울여 듣고 싶어 할 것입니다.

3호(好)를 준비하자

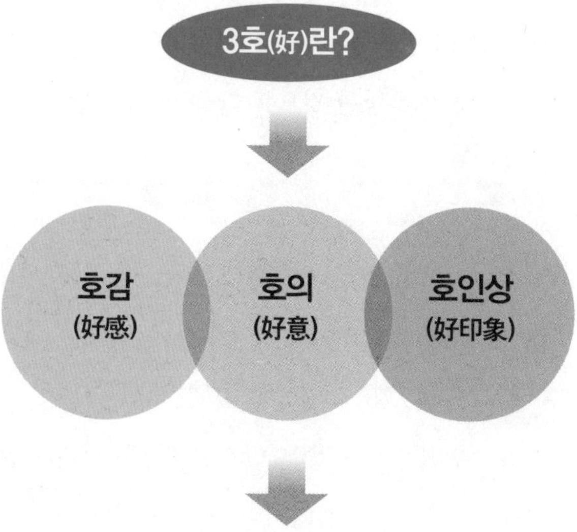
3호(好)란?
호감
(好感)
호의
(好意)
호인상
(好印象)
상대방에게 3호(好)를 주면
대화에 성공한다!

설득하는 사람은
'느낌이 좋아'야하는 것이 중요!

1-12 사람의 행동패턴 '자이언스의 법칙' 알기

설득하고 공감을 얻는 대화를 위해 사람의 행동패턴을 아는 것은 중요합니다. '자이언스의 법칙'은 미국 사회심리학자인 로버트 자이언스(Robert Zajonc, 1923~2008)가 주장한 것으로 다음 세 가지 법칙입니다.

1. 사람은 모르는 사람에게는 공격적, 비판적이고 냉담하게 반응한다
2. 사람은 만나면 만날수록 호의를 느낀다
3. 사람은 상대방의 인간적인 측면을 알게 되었을 때 호의를 느낀다

이 주장에서 알 수 있는 것은 '좋은 인간관계를 만들기 위해서는 서로 잘 아는 것이 중요하다'고 하는 점입니다.

저는 직업상 최고의 세일즈맨들과 만날 기회가 많이 있습니다. 만나서 놀란 것은 그들이 결코 **파는 것에 집착하지 않는다**는 점이었습니다. 그렇다면 그들은 어떻게 최고의 세일즈맨이 될 수 있었을까요? 그것은 바로 고객과 좋은 관계를 맺는 것을 첫 번째로 생각하고 있기 때문입니다.

최고의 세일즈맨들은 경험상 **'좋은 인간관계를 맺기 위해서는 서로 잘 아는 것이 중요'**하며, 그것이 결국 매출로 이어지게 된다는 것을 알고 있

는 것이지요. 이제 '자이언스의 법칙'을 자세히 설명해 드리겠습니다.

행동패턴 ① 사람은 모르는 사람에게는 공격적, 비판적이고 냉담하게 반응한다

길을 가던 중 쓰러져 있는 사람을 발견했다고 가정해 볼게요. 그런데 여러분이 모르는 사람이라면 조금은 양심의 가책을 느낄지도 모르겠지만 그대로 지나쳐버리지 않을까요?

그런데 그 쓰러져 있는 사람이 여러분과 친한 사람이라면 어떻게 하시겠습니까? 틀림없이 곧바로 다가가서 부축해 일으켜 세울 것입니다.

일반적인 소통에서도 이처럼 사람은 **모르는 사람에 대해서는 아무렇지 않게 냉담하게 반응하는 법**입니다. 믿어지지 않지요? 하지만 충분히 가능합니다. 상대방을 설득하고 공감을 얻기 위해 충분히 친분을 쌓아 냉담한 반응을 일으키지 않도록 노력하면서, 주의를 기울여 대화하는 것이 필수라고 할 수 있습니다.

행동패턴 ② 사람은 만나면 만날수록 호의를 느낀다

'숙지성(熟知性)의 법칙'으로 접촉 횟수를 늘림으로써 호의를 느끼게 할 수 있습니다. 사람과는 '만나면 만날수록' 좋은 법입니다.

영업전략의 란체스터 법칙* 중에 '매출은 방문 횟수의 제곱에 비례한

---

* 군사전략용으로 사용되던 법칙으로 최근 영업, 마케팅 등 기업의 경영전략 법칙으로 활용되고 있다. 아군의 전투기 5대와 적군의 전투기 3대가 공중전을 벌일 경우 적군의 전투기가 모두 격추될 때까지 생존하는 아군의 전투기는 5에서 3을 뺀 2가 아니라 그 차이의 제곱인 4대가 된다. 영국의 항공 공학 엔지니어인 프레더릭 란체스터가 제1·2차 세계대전 당시 공중전 결과를 분석해서 두 군대가 전투를 할 경우 수적으로 우위에 있는 쪽이 수적 격차의 제곱만큼 유리하다는 점을 발견하고, 정리한 것이다.

다'는 것이 있습니다. 즉 **고객을 방문해서 이야기를 나누는 기회를 늘릴수록 '제곱에 비례해' 매출이 신장한다는 것이지요.**

이것은 '세일즈맨은 특별한 용건이 없더라도 방문해서 주고 온 명함의 두께가 매출로 이어진다'라는 영업의 격언과 일맥상통합니다.

"오늘은 새 팸플릿이 나왔습니다.", "꼭 알려드리고 싶은 것이 있어요!"라고 하면서 세일즈맨이 상대방을 빈번히 찾아다니는 이유가 거기에 있습니다.

만나는 빈도를 늘려 이야기하는 횟수를 늘리세요. 이때 대화의 목적은 첫째 상대방을 파악하기, 둘째 자신에 관해 이야기하고, 상대방에게 알리기이기 때문에 따로 설득력은 필요 없습니다.

접촉 빈도가 늘어나면 상대방은 자연스럽게 호감을 느낍니다. 그러므로 한 달에 한 번 만나서 30분 이야기하는 것보다 한 달에 여섯 번 만나서 5분 정도씩 이야기하도록 계획을 세우세요.

행동패턴 ③ 사람은 상대방의 인간적인 측면을 알게 되었을 때 호의를 느낀다

'인간적인 측면'이라고 하는 것은 '일 이외의 측면'이라고 생각하면 됩니다. 상대방의 가족의 일, 취미와 관련된 것, 가치관과 같은 업무나 사업 이외의 측면에 대해 알게 됨으로써 사이가 좋아지고 친해질 수 있습니다.

한 경제신문에서 뛰어난 세일즈맨들의 실제 대화를 조사한 결과 **'대화의 비율은 세상 이야기 80%, 일 이야기 20%로 결론은 상대방 이야기를 잘 듣는 것'**이 공통된 대답이었습니다.

즉 일 이외의 측면을 드러내면 상대방은 여러분의 인간적인 측면을 알 수 있게 됩니다. 그러면 상대방은 여러분에게 호감을 느끼게 되고, 최종적으로는 대화를 수용하고 공감으로 이어집니다.

자이언스의 법칙

1. **사람은 모르는 사람에게는 공격적, 비판적이고 냉담하게 반응한다**

2. **사람은 만나면 만날수록 호의를 느낀다**

3. **사람은 상대방의 인간적인 측면을 알게 되었을 때 호의를 느낀다**

건강해 보이는 구먼~
항상 신경 써주셔서 고맙습니다.

좋은 인간관계를 맺기 위해서는
서로 잘 아는 것이 중요하다

내가 적을 없애는 방법은 친구로 만드는 것이다.

_에이브러햄 링컨

2-1 상대방이 나를 좋아하게 만드는 화술이란?
2-2 좋은 인간관계를 구축하기 위한 '공감 영역'을 만드는 화술
2-3 상대방에게 호감을 사는 여섯 가지 실전 화술
2-4 호감을 사는 여섯 가지 실전 화술 ① 칭찬하기
2-5 호감을 사는 여섯 가지 실전 화술 ② 선물하기
2-6 호감을 사는 여섯 가지 실전 화술 ③ 질문하기
2-7 호감을 사는 여섯 가지 실전 화술 ④ 시각자료 보여주기
2-8 호감을 사는 여섯 가지 실전 화술 ⑤ 아이디어 제공하기
2-9 호감을 사는 여섯 가지 실전 화술 ⑥ 서비스 제공하기
2-10 상대방과 좋은 관계를 맺기 위한 'NLP 이론'
2-11 상대방에게 맞춘 대화로 호감을 산다
2-12 상대방과 보조를 맞추는 '페이싱'을 활용한 대화
2-13 페이싱의 세 가지 기법
2-14 페이싱 '하나 더하기' 화술

제2장

상대방이 공감하고 싶어지는 '마법의 화술'

2-1 상대방이 나를 좋아하게 만드는 화술이란?

실전에서 대화를 잘 진행하기 위해서는 첫 대면에서 상대방에게 호감을 줘야 합니다. 제1장에서 설명하였듯이 사람은 좋아하는 사람이 아니면 이야기를 듣고 싶지 않기 때문입니다.

이 장에서는 '상대방에게 호감을 사는 어프로치 방법'을 소개합니다. 실전 대화의 기초를 다지는 데 이 어프로치 단계가 매우 중요합니다.

설득당하는 사람은 설득하려는 사람을 마냥 기다리고 있지 않습니다. 설득하기 위해 찾은 상대방은 자기 일을 열심히 하고 있을 것입니다. 첫 방문뿐만 아니라 자주 방문한 경우도 마찬가지일 테고요. 그러면 '바쁜데 타이밍이 안 좋구나!'라는 생각이 들 거예요.

설득당하는 사람과 설득하려는 사람 사이에는 항상 벽이 있습니다. **상대방은 우선 거절부터 하지요**. 그 결과 오른쪽의 첫 번째 그림처럼 상반된 회전이 일어나게 됩니다.

그러면 두 번째 그림에서 회전하는 바퀴를 같은 방향으로 회전시키기 위해서는 어떻게 해야 할까요? 아마도 벨트가 필요할 것입니다. 저는 이것을 '마음의 벨트'라고 부릅니다. 심리학에서는 이것을 '친밀관계(라포, Rapport)'라고 합니다.

쉽게 말하면 '좋은 사람이구나!', '느낌이 좋은데!'라고 생각하게 하는 대화를 하는 것이지요.

친밀관계를 형성한다

설득당하는 사람과 설득하려는 사람 사이에는 벽이 있다

상대방에게 마음의 벨트(친밀관계, Rapport)를 건다

> 설득하려는 사람은 상대방이
> '좋은 사람이구나!', '느낌이 좋은데!'라고
> 생각하게 만드는 대화에 신경 쓴다

2-2 좋은 인간관계를 구축하기 위한 '공감 영역'을 만드는 화술

앞서 소개한 '자이언스의 법칙'에서 ① 사람은 모르는 사람에게는 공격적, 비판적이고 냉담하게 반응한다와 ③ 사람은 상대방의 인간적인 측면을 알게 되었을 때 호의를 느낀다를 알아보았습니다.

두 법칙의 공통점은 상대방에게 호감을 사기 위해서는 '자기 자신을 말하는 것'이 필요하다는 것입니다.

이를 위해서는 **자기를 먼저 밝히고 상대방과 '공감 영역'을 만들어야 합니다.**

상대방에게 '좋은 친구'라고 인식시키기 위해서는 가장 먼저 자기 자신을 이야기해야 합니다. 이것을 '자기 개방하기'라고 합니다. 거창한 성공담을 늘어놓거나 특별히 형식을 갖출 필요는 없습니다. 실패담이나 실수를 이야기하는 것이 더 인간미를 느끼게 하거든요.

자기의 부족한 모습을 보이면 모순적이게도 상대방은 안심합니다. 그러므로 **상대방에게 거드름을 피워서는 안 됩니다. 또 자기자랑만 늘어놓아서도 안 됩니다.**

장래의 꿈, 가족과 관련된 일화, 고민 같은 것을 이야기해서 여러분의 사람 됨됨이를 알게 하는 것이 효과가 좋습니다. '이런 이야기만 하고 있다가는 상담으로 이어지지 않을 거야.'라고 초조해 해서는 안 됩니다. 실제 '세상 이야기 80%, 일 이야기 20%'가 뛰어난 세일즈맨의 실전 대화 비율입니다.

공감 영역을 만드는 방법 ①

자기를 개방한다

자신의 이야기를 한다

- 실패담, 실수를 이야기한다
- 부족한 모습을 보인다
- 장래의 꿈, 가족과 관련된 일화, 고민 등을 이야기한다

상대방에게 거드름을
피워서는 안돼!
또 자기자랑만
늘어놓아서도 안 되지!!

가장 먼저 자신에 관해 이야기하고 '공감 영역'을 만듭니다. 그리고 나서 상대방 이야기를 많이 끌어내 '공감 영역'을 넓혀 가세요.

무엇보다 중요한 것은 상대방이 이야기하도록 하는 일입니다. 질문하고 듣는 역할을 하면서 상대방 이야기에 수긍하기도 하고, 맞장구를 치며 열심히 상대방의 이야기를 들어야 합니다.

"토요일이나 일요일같이 쉬는 날에는 어떤 일을 하면서 보내십니까?"와 같은 질문으로 상대방의 이야기를 끌어내는 것도 좋고, "오늘 소개받은 △△ 씨에게 들은 얘기인데, ㅇㅇ 부장님은 골프를 치신다고요?"와 같은 식으로 사전조사를 통해 알게 된 상대방의 정보를 기초로 질문해도 좋습니다.

마지막으로 서로 공통점에 초점을 맞춰 '공감 영역'을 무한대로 확장합니다. 그 공통점에 대해 충분히 이야기를 나눕니다.

"댁에서 회사까지 출근시간은 꽤 걸리시나요?", "30분이면 가까워서 좋겠군요. 어디서 사십니까?", "아, ㅁㅁ 동에 살고 계십니까? 그곳이라면 편리하시겠네요. 제 친구가 ㅁㅁ 동에 살고 있거든요."와 같은 식으로 이야기를 해 나갑니다.

통근시간이 긴 경우에는 "저는 시간이 더 오래 걸립니다. 통근에 시간이 오래 걸린다는 점에서 서로 참 힘이 드는군요. 그렇죠?"라고 말하면 좋을 것입니다.

이처럼 공통점을 찾아내 이야기에 탄력이 붙으면 공감 영역은 더 넓어지게 되고, 자연스럽게 상대방에게 '마음의 벨트'를 채울 수 있습니다. 결국, 좋은 인간관계를 형성해 갈 수 있지요.

공감 영역을 만드는 방법 ②

상대방의 이야기를 끌어낸다

- 사전조사를 통해 알게 된 상대방 정보를 기초로 질문한다
- 고개를 끄덕이거나 맞장구치면서 열심히 상대방 이야기를 듣는다

골프를 좋아하십니까?
그래, 맞아요!!

뛰어난 세일즈맨의 대화 비율은
'세상 이야기 80%, 일 이야기 20%'

2-3 상대방에게 호감을 사는 여섯 가지 실전 화술

상대방에게 호감을 사면 자연스럽게 설득과 공감이 따라오게 되어 있습니다. 앞의 설명처럼 대화에서 '누가 이야기하는가'가 중요하듯이, 세일즈와 마케팅 세계에서는 '누가 파는가'가 중요합니다. 즉 '고객이 좋아하게 하는' 방법을 알 수 있다면 성공적인 세일즈를 할 수 있는 것이지요.

상대방에게 호감을 사는 여섯 가지 실전 화술을 소개해 드리겠습니다. 모두가 실전 화술의 기본 중의 기본으로 다음과 같습니다.

1. 칭찬하기
2. 선물하기
3. 질문하기
4. 시각자료 보여주기
5. 아이디어 제공하기
6. 서비스 제공하기

지금부터 하나씩 자세하게 설명해 드리겠습니다.

상대방에게 호감을 사는 여섯 가지 실전 화술

1. 칭찬하기
2. 선물하기
3. 질문하기
4. 시각자료 보여주기
5. 아이디어 제공하기
6. 서비스 제공하기

> 상대방에게 호감을 사면 세일즈는 물론,
> 공감과 설득에 성공한다

2-4 호감을 사는 여섯 가지 실전 화술 ①
칭찬하기

칭찬하기 위해서는 사전 정보 수집이 필수입니다. 예를 들어 건물 입구에서 안내하는 사람에게 도움을 받아 칭찬하려고 안내소를 찾아갔는데, 그 안내하는 사람이 없는 상황이라면 칭찬할 수 없겠지요.

가장 좋은 칭찬은 **'상대방이 칭찬해 주기를 바라는 것'을 칭찬하는 것입니다.** 저는 제 스포츠카를 칭찬해 주면 기분이 아주 좋아집니다.

다만 사람에 따라 칭찬받으면 기분이 좋아지는 것, 기뻐하는 것이 다르므로 사전에 정보 수집을 하는 것이 좋습니다.

그런데 형식적인 칭찬, 입에 발린 말은 거짓말과 같습니다. **사람은 뻔히 들여다보이는 거짓말이 아니라 진심으로 느낀 것에 대해 칭찬해 주었을 때 기뻐합니다.**

"귀사의 실적은 최근 2, 3년 동안 아주 급성장을 했더군요."

"최근에 귀사의 상품에 대한 평판이 아주 좋더군요."

"자녀분이 육상부 청소년 팀에서 활약하고 있는 것 같던데 정말 대단하네요."

이런 식으로 상대방이 기뻐할 사항을 말해 보세요. 여러분도 여러분이 기분 좋아지는 이야기를 해 주는 사람에게 호감을 느끼지 않나요? 틀림없이 호감을 느낄 것입니다. 상대방도 마찬가지입니다.

호감을 사는 여섯 가지 실전 화술 ① 칭찬하기

사람은 자신이 기분 좋아지는 이야기를 해 주는 사람에게 호감을 느낀다

포인트

- 사전에 상대방에게 칭찬을 해 주면 기뻐할 것들에 대해 정보 수집을 해 둔다
- 입에 발린 칭찬은 하지 않는다
- 진심으로 느낀 것을 솔직하게 칭찬한다

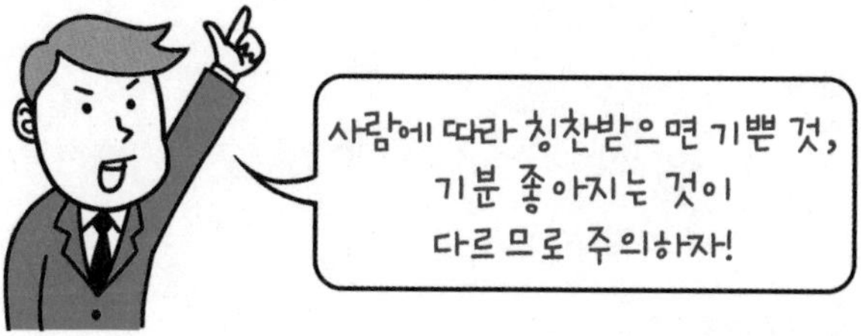
사람에 따라 칭찬받으면 기쁜 것,
기분 좋아지는 것이
다르므로 주의하자!

2-5 호감을 사는 여섯 가지 실전 화술 ②
선물하기

'선물을 한다'에 너무 부담을 갖지 마세요. 선물이 굳이 크고 비쌀 필요는 없습니다.

제가 미국에서 실전 화술 수업을 받을 때 사탕을 가방에 넣고 다니면서 안내하는 여성 직원이나 매장 여성에게 나눠주는 세일즈맨을 보았습니다. 그의 행동을 보고 '이런 방법도 있구나!'라고 감탄했습니다.

작은 사탕을 받아든 여성들은 모두 "고마워요!"라고 하면서 싱글벙글하는 것입니다. 상대방의 기분이 좋아지게 하는 하나의 방법인 것이지요.

제가 '받은' 선물 중에서는 입체그림이 튀어나오는 사진이 아직도 인상에 남습니다. 사진이 재미있어서 책상 위에 오랫동안 장식해 두었습니다. **'물건'의 좋은 점은 그것을 볼 때마다 선물해 준 사람에 대해 생각이 난다는 것입니다.** 먹는 것보다 오래 남아 있기 때문에 효과는 그만큼 크지요.

선물 받는 것을 싫어하는 사람은 없지요? 누구나 기뻐할 일입니다. 달력, 수건, 필기구 등 작은 물품이라도 좋습니다. 항상 지니고 다니다가 실전 대화에 활용해 보기 바랍니다.

호감을 사는 여섯 가지 실전 화술 ② 선물하기

괜찮으시다면
사용하세요
달력
수건

선물을 볼 때마다 여러분이 생각나게 된다

누구나 선물을 받는 일은 기쁘다!
달력, 수건, 필기구 같은
작은 물품이라도 지참한다

2-6

호감을 사는 여섯 가지 실전 화술 ③

질문하기

사람을 상대하는 분야에서는 상대방의 요구를 알지 못하면 실패하지요. 질문을 잘하면 상대방에 관한 중요한 정보들을 얻을 수 있기 때문에 요구를 파악하는 질문은 필수입니다.

"Listening is Loving"이라는 말이 있습니다. '듣는 것을 사랑하라'는 의미이지요.

실제로 사람은 **누구나 항상 자기 자신의 이야기를 하고 싶어 합니다.** 그 예로 아이들은 눈 높이를 맞추고 자기 이야기를 잘 들어주는 할아버지, 할머니를 매우 좋아합니다.

최고의 세일즈맨들은 잘 들을 줄 아는 사람들이자, 질문을 잘하는 사람들입니다. 질문을 잘하면 상대방과 나 사이에 있는 '마음의 벽'이 제거되고 마음이 열리게 됩니다.

벽이 허물어졌다고 해서 "언제입니까?", "어디에서요?", "누구와 그랬습니까?"라는 식으로 꼬치꼬치 물으면, 그것은 질문이라기보다는 형사의 심문처럼 느껴질 것이기 때문에 반드시 주의해야만 합니다.

애정을 갖고 상대방의 사정, 상대방의 자랑에도 귀를 기울이세요.

상대방에게 질문을 많이 해서 입을 열게 하는 것은 매우 중요한 어프로치입니다. 어프로치 단계에서는 자기 이야기를 하고 싶어 하는 욕망은 꼭 참아야만 합니다.

호감을 사는 여섯 가지 실전 화술 ③ 질문하기

포인트

- 질문을 많이 해서 상대방의 입을 열게 한다
- 애정을 갖고 상대방 이야기를 듣는다
- 어프로치 단계에서는 자기 이야기를 하고 싶어 하는 것은 꼭 참아야 한다
- 육하원칙에 따라 꼬치꼬치 심문하듯이 묻지 않는다

> 질문을 잘하면 상대방에 관한 정보를
> 얻을 수 있기 때문에
> 요구를 파악하는 질문은 필수이다

2-7 호감을 사는 여섯 가지 실전 화술 ④
시각자료 보여주기

직장에서 자주 생기는 문제 하나는 '말했다—말하지 않았다—듣지 못했다'라고 하는 직원 간 원활하지 못한 소통입니다.

말만으로는 정확하게 정보 전달을 할 수 없습니다. 숫자를 입으로 중얼거리기보다는 "이쪽 그래프를 한 번 봐 주십시오.", "아래 그림을 보시면 ……."과 같이 무언가를 보여주면서 설명하세요. 상대방은 궁금증이 생겨 반드시 무슨 그래프인지, 무슨 그림인지 보려고 할 것입니다.

사람은 보는 것에 익숙해져 있습니다. 그리고 보는 것을 더 신뢰하지요. 'Seeing is Believing'이라는 말이 있습니다. '직접 보면 안 믿을 수 없다', '백문이 불여일견'이라고 하는 말도 모두 신뢰를 강조할 때 자주 사용합니다.

샘플, 통계, 도표, 데이터 등을 적절한 시기에 보여주면서 실전에서 대화하세요.

시각자료를 적절히 활용하면 상대방은 여러분이 '알기 쉬운' 이야기를 한다고 생각할 것입니다. 미국 미네소타대학의 리서치센터에서는 **시각자료를 이용하면 설득력이 43% 높아진다**고 하는 데이터를 내놓았습니다. '알기 쉬운' 이야기를 하면 '어려운' 이야기를 할 때에 비해 훨씬 상대방에게 호감을 줍니다.

호감을 사는 여섯 가지 실전 화술 ④ 시각자료 보여주기

장점

- 시각자료를 사용하면 설득력이 43% 높아진다 (미국 미네소타대학 조사)
- 사람은 보는 것에 익숙해져 있다
- 사람은 보는 것을 신뢰한다
- 상대방은 알기 쉬운 이야기를 하는 사람을 더 좋아한다

샘플, 통계, 도표, 데이터 등을
적절한 시기에 보여주면서 이야기한다

2-8 호감을 사는 여섯 가지 실전 화술 ⑤
아이디어 제공하기

사람은 자신에게 이익이 되는 아이디어를 제공받으면 기뻐하지요.

"오늘은 확실하게 돈을 벌 수 있는 아이디어를 갖고 왔습니다."라고 하면 99.9% 이상의 사람들이 기뻐할 것이며, 그것이 무언지 빨리 알고 싶어 할 것입니다.

"반드시 매장 효율을 올릴 수 있는 아이디어가 있습니다."라는 말처럼 **아이디어도 '사람들의 이익'에 초점을 맞춰서 제공하기 바랍니다.**

실전에서 대화할 때에는 결론을 곧바로 이어서 보여주는 것이 요령입니다. 에둘러서 설명하는 것이 아니라 직접 결론을 말하는 것이 좋습니다.

"이렇게 하면 효율적으로 일할 수 있습니다.", "쉽게 팔 수 있고, 이익이 많이 나는 상품입니다.", "경비절감에는 이런 방법을 …….." 처럼 알기 쉽게 결론을 제시할 방법을 연구하세요.

상대방은 유용한 아이디어를 제공받으면 여러분이 자기를 소중히 여기고 있다고 느낍니다. 즉 여러분에 대한 신뢰가 강해지는 것이지요.

상대방의 신뢰를 얻을 수 있는 대화를 하게 되면 설득하고, 공감할 수 있는 확률이 그만큼 높아집니다.

호감을 사는 여섯 가지 실전 화술 ⑤ 아이디어 제공하기

장 점

- 상대방은 이익이 되는 것을 제공받으면 기뻐한다

- 상대방은 자기가 소중히 여겨지고 있다고 느낀다

↓

상대방과의 신뢰가 강해지고
설득, 공감 확률이 높아진다

> 아이디어는 '상대방의 이익'에
> 초점을 맞춰 제공한다

2-9 호감을 사는 여섯 가지 실전 화술 ⑥
서비스 제공하기

한 사례가 있습니다. 컴퓨터 세일즈맨이 무료 바이러스 체크 서비스를 하며 돌아다니고 있었습니다.

"지금 서비스로 컴퓨터를 무료점검해드리고 있습니다. 이번 기회에 점검해 드리고 싶은데 받아보시겠습니까?"

그는 컴퓨터 세일즈맨이지만 '영업'이라든가 '판매'라든가 하는 말은 절대로 입 밖에 내지 않습니다.

무료 서비스 점검을 한 뒤에 "아! 최근에 더 가볍고, 얇아졌지만 외부 충격에도 잘 견디는 노트북이 출시되었습니다. 이 카탈로그를 잠시만 봐 주십시오."라고 이야기를 진행하였더니 부드럽게 상담으로 들어갈 수 있었습니다.

영업과 마케팅의 어프로치 방법에서는 이렇게 서비스를 제공하는 어프로치를 '서비스 어프로치'라고 부릅니다. 무언가 서비스를 제공받으면 상대방은 제공받은 만큼 기뻐하지요.

즉 호감을 느끼게 되면서 실전 대화는 더 잘 진행됩니다. 물건을 옮기는 것을 도와준다거나 잠시 청소를 해 주는 것도 유용한 방법입니다.

서비스를 제공받으면
상대방은 제공받은 만큼 기뻐한다

서비스 순서

'영업'이나 '판매'와 관련된 이야기는
절대로 하지 않는다

서비스 종료 후 본격적인 대화를 시작한다

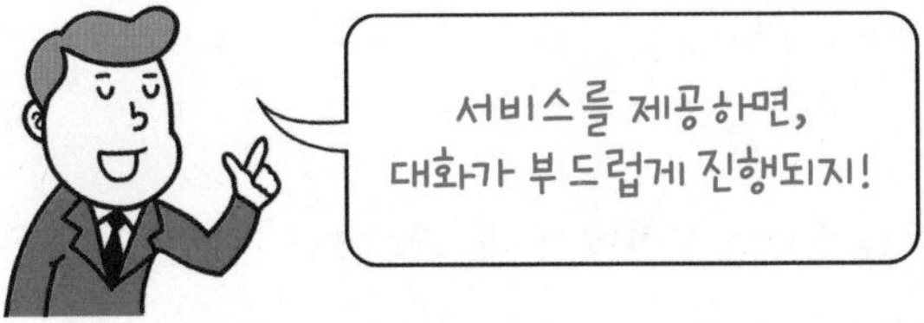
서비스를 제공하면,
대화가 부드럽게 진행되지!

2-10 상대방과 좋은 관계를 맺기 위한 'NLP 이론'

설득과 공감에 성공하는 대화의 첫걸음은 상대방과 좋은 관계를 맺기라는 사실은 지금까지 설명해 온 것만 보더라도 충분히 아셨을 거예요.

여기에서는 고객과의 좋은 관계를 구축하는 방법을 체계화한 'NLP 이론'을 소개해 드리겠습니다.

'NLP 이론'을 고안한 것은 미국의 두 심리학자 그린더(John Grinder)와 벤들러(Richard Bandler)입니다. NLP란 Neuro Linguistic Programming의 약자로, '신경언어프로그래밍'이라고 할 수 있습니다.

한국사람은 '김치'라고 하는 글자를 보면 '맵다'고 연상합니다. 말과 뇌의 신경이 연결되어 있기 때문에 매운맛을 생각하게 되어 표정까지도 매워하는 얼굴이 되지요.

이것과 마찬가지로 실전에서 대화할 때도 **여러분의 말은 상대방의 신경에 작용합니다**. 또한, 여러분의 동작도 상대방의 신경에 영향을 미칩니다. 그러므로 말과 행동을 상대방이 호감을 느끼도록 작용시켜보자는 생각에서 심리학을 기반으로 체계화한 것이 'NLP 이론'입니다.

즉 'NLP 이론'을 익히면 공감 영역이 넓어지고, 상대방과 좋은 인간관계를 맺는 데 도움이 되는 대화가 가능해지는 것입니다.

NLP 이론이란?

말은 뇌 신경에 영향을 미친다

'NLP 이론'을 익히면 공감 영역이 넓어지고,
상대방과 좋은 인간관계를 맺을 수 있다

2-11 상대방에게 맞춘 대화로 호감을 산다

마음속으로 여러분의 친한 친구를 한 사람 떠올려 보세요. 어떻습니까? 여러분과 공통점이 많지 않나요? 같은 고향, 같은 학교, 같은 클럽 활동, 입사 동기, 같은 취미 등.

사람은 자기와 닮은 사람을 좋아합니다. 이것을 'LIKE=LIKE 이론'이라고 합니다. LIKE에는 '좋다'와 '비슷하다'라는 두 가지 의미가 있습니다. 그러니까 **사람은 '비슷한' 사람을 '좋아한다'가 되는 것입니다.**

그러므로 상대방에게 호감을 사고 싶다면 상대방에 맞춰서 대화하세요. "덥네요!"라고 하면, 덥지 않더라도 "진짜 덥네요!"라고 맞춰주세요.

앞서도 알아보았다시피 눈에 보이지는 않지만 여러분과 상대방 사이에는 두꺼운 마음의 벽이 있습니다. 상대방에게 맞추지 않는다면, 그 벽은 점점 더 두꺼워집니다.

"오늘은 덥군요!"라고 하는데 "그렇지 않은데요."라고 말한다면, 분위기는 서먹해지고 다음 대화를 연결하기도 어렵습니다. "네, 정말 덥군요. 냉방용품은 준비하셨어요?"라고 긍정하면서 맞춰주는 것이 좋습니다. 그렇게 하면 대화를 자연스럽게 지속할 수 있습니다.

LIKE=LIKE 이론

사람은 '비슷한 사람'을 좋아한다!

그러므로

상대방에게 맞춘 대화를 하는 것이 좋다!

덥군요!
네, 정말 덥군요!

2-12 상대방과 보조를 맞추는 '페이싱'을 활용한 대화

사람은 자기와 비슷한 사람을 좋아하게 되어 있기 때문에 상대방에게 맞춰가는 것이 필수입니다. 이렇게 상대방에게 맞춰가는 것을 '보조를 맞춘다', '페이스를 맞춘다'라고 할 수 있는데, 이를 신경언어프로그래밍에서는 '페이싱(Pacing)'* 이라 부릅니다.

여러분은 어떤 사람에게 친밀감을 느끼나요? 가족이나 친구들에게서 느끼지 않나요? 그 가족이나 친구에 대해 한 번 생각해 보세요. 틀림없이 여러분과 공통점이나 닮은 부분을 많이 갖고 있지 않나요?

그러니까 **대화를 하면서 의식적으로 상대방과 공통점이나 비슷한 부분을 만들어내는 것이 좋습니다.**

페이싱에는 BMW라고 하는 세 가지 영역이 있습니다. 이 세 가지는 오른쪽 그림에서 자세히 설명해 드릴게요.

또한, 페이싱에는 세 가지 기법도 있습니다. 구체적인 페이싱의 기법

* 페이싱(pacing): 상대방과 보조를 맞춰 공감대를 형성하는 기법이다.

으로 ① 미러링(Mirroring; 거울기법) ② 튜닝(Tuning; 조율하기) ③ 매칭(Matching; 일치하기)이 있습니다.

페이싱(Pacing)의 세 가지 영역 'BMW'

Body Language(몸짓)

자세, 몸놀림, 손놀림, 복장, 태도, 동작, 표정, 호흡, 앉는 방법, 발의 위치 등

Mood(성격, 분위기)

희노애락, 밝은, 조용한, 열의, 느낌, 신념, 가치관, 사고 등

Words(말하기)

말의 속도, 소리의 고저대소, 표현, 말의 장단, 전문 용어, 외국어, 말투 등

대화를 할때는 의식적으로 상대방과의 공통점, 닮은 점을 만드는 것이 좋다

2-13 페이싱의 세 가지 기법

페이싱 기법 ① 미러링(Mirroring)

'Mirror'란 거울을 가리키는 것으로 마치 거울에 비치고 있는 것처럼 상대방의 몸짓을 따라 한다고 해서 붙여진 이름입니다.

유럽에서 한 심리학자가 몸짓언어(body language)에 대해 조사하였습니다. 그 결과 사이가 좋은 연인들은 마치 거울처럼 동작이 일치한다는 것을 발견했습니다. 반대로 생각하면 몸짓을 비슷하게 하다 보면 사이가 좋아진다고 할 수 있지요. 상대방과 몸짓과 행동을 맞춰감으로써 상대방의 호감을 사게 됩니다. 이것이 '미러링(Mirroring)'의 추천 이유입니다.

몇 년 전에 한 회사에 업무 관련 방문을 한 적이 있습니다. 그 회사의 총무부장을 상대로 미러링을 실천하였습니다. 총무부장이 차를 마시면 저도 차를 마셨지요.

그렇게 동작을 따라하면서 대화하면 무의식중에 '이 사람은 좋은 사람'이라는 메시지가 상대방에게 전달됩니다. 실제 미러링한 결과 총무부장의 마음은 완전히 풀렸고, 부드러운 분위기를 만들 수 있었습니다.

다만 과유불급! **지나치게 똑같이 따라 하면 자신이 무시당하고 있다고**

생각해 화를 내는 사람도 있습니다. 장난치는 흉내가 아니라 리듬에 맞춰가면서 대화를 하는 것이 요령입니다.

페이싱 기법 ② 튜닝(Tuning)

방송 DJ가 음악을 선곡하는 것처럼 상대방과 분위기를 맞춰가는 것을 '튜닝(Tuning)'이라고 합니다. 튜닝은 희비, 밝음, 조용함과 같은 감정이나 상태로, 느낌이나 가치관, 신념, 사고 등이 그 대상이 됩니다.

상대방의 기분이 슬픈 것 같으면 여러분도 슬픔에 주파수를 맞춰 대화합니다. 화가 극에 달한 서비스 불만족 고객이 있다고 가정해 보겠습니다. "이번 주 중이라고 해서 계속 기다리고 있었네. 아직 납품이 안 되고 있는데 도대체 어떻게 된 건가?" 이 말을 듣고는 "아, 그렇습니까? 조사해 보겠습니다."라고 무뚝뚝하게 대답해서는 안 됩니다.

반드시 상대방과 감정 수준을 맞춰야 합니다. "예! 참 이상하군요. 정말 죄송하게 되었습니다. 최대한 빨리 조사해서 연락드리겠습니다!"라고 감정 수준을 맞추세요.

상대방이 90 수준으로 화를 낸다면 여러분도 주파수를 90에 맞춰 정말 죄송하다는 마음을 강하게 표현하는 대화를 해야만 합니다.

페이싱 기법 ③ 매칭(Matching)

'매칭(Matching)'은 상대방과 말하는 방법을 맞춘다는 의미입니다.

먼저 상대방과 말하는 속도를 맞춥니다. 과묵한 사람한테는 천천히 말하는 것에 유의해야 합니다. 또 말이 빠른 사람한테 너무 느리게 말하면 굼뜨다는 인상을 줄 수 있기 때문에 여러분도 말을 빠르게 해야 합니다. **속도뿐만 아니라 목소리의 크고 작음과 높고 낮음, 말투, 표현, 단어 같은 것들도 맞춰갑니다.**

상대방이 "오늘은 춥네요!"라고 말하면, 단지 "그렇군요!"라는 대답으로는 부족합니다. 같은 말을 해야 매칭효과가 높아집니다. "오늘은 춥군요!"라고 한다면 "예, 오늘은 정말 춥네요!"라고 대답하기 바랍니다.

상대방이 전문용어나 영어를 많이 섞어서 사용한다면, 여러분도 의식적으로 전문용어나 영어를 사용하세요. 상대방이 허물없는 말투를 쓴다면 여러분도 맞춰서 가는 것이 좋습니다.

손자들은 할아버지, 할머니를 좋아합니다. 웅크리고 앉아서 손자의 시선에 맞춰가며 손자와 페이싱을 하면서 이야기를 하기 때문이지요. 그리고 말투도 매칭시키고 있습니다. "붕붕(자동차)이 오네!"처럼 손자가 사용하는 말을 씁니다. 손자는 '자기가 쓰는 것도 똑같은 말'이기 때문에 안심하게 됩니다. 대화할 때에는 상대방의 연령층에 맞는 표현을 사용하는 것을 잊지 마세요.

디즈니(Disney) 사의 놀이공원이 폭발적인 인기를 얻는 이유 가운데 하나가 바로 페이싱 실천 덕분입니다. 공원 안내 및 관리 직원뿐만 아니라 청소 직원까지도 아이들과 이야기를 할 때에는 반드시 눈높이를 맞춥니다. 그런 행동에 아이뿐만 아니라 부모도 만족하지요.

실전 대화도 마찬가지입니다. **상대방과 말하는 방법이나 시선을 맞춤**

으로써 상대방의 호감을 살 수 있습니다. 그렇게만 된다면 상대방은 안심하고 여러분에게 귀 기울일 것입니다.

페이싱의 세 가지 기법

미러링(Mirroring)

몸짓과 행동을 통해 마치 거울에 비추는 것처럼 상대방을 흉내 내는 것

튜닝(Tuning)

상대방과 분위기를 맞춰가는 것

매칭(Matching)

상대방과 말하는 방법을 맞추는 것

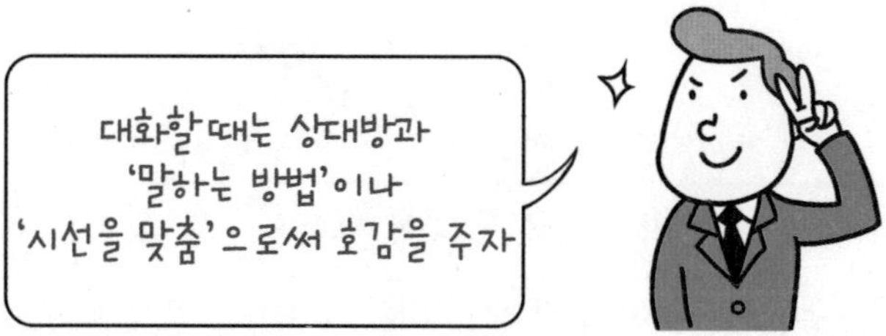
대화할 때는 상대방과
'말하는 방법'이나
'시선을 맞춤'으로써 호감을 주자

2-14 페이싱 '하나 더하기' 화술

앞서 살펴본 ① 미러링, ② 튜닝, ③ 매칭은 페이싱의 기본 법칙입니다. 이와 같은 기본을 숙지한 다음에 '하나 더하기(Plus One)'의 화술을 활용하기 바랍니다. **상대방의 말에 맞춘 다음에 한마디 추가하는 것을 '하나 더하기'라고 합니다.**

"좋은 아침입니다!"라고 상대방이 인사해 온다면 여러분은 어떻게 인사를 해야 할까요?

보통의 경우에는 아마도 "좋은 아침입니다!"로 끝나지 않을까요? 하지만 하나 더하기를 신경 쓴다면 어떤 인사가 될까요?

"좋은 아침입니다. △△ 씨!"라고 이름을 붙여도 좋고, 또는 "좋은 아침입니다. 잘 지내시죠?"라고 질문을 해도 좋습니다. 이처럼 질문하면 그다음에 상대방이 "예, 잘 지내고 있습니다."라든가 "아니요, 실은 몸이 좀 좋지 않아서요."라는 식으로 대화가 시작되는 것입니다.

말주변이 없어서 곤란해 하는 사람이라도 '하나 더하기'를 유념하고 있으면, 대화의 실마리를 찾아낼 수 있습니다.

대화란 캐치볼과 같아서 상대방에게 공(대화)을 받으면 페이싱으로 주고, 다시 공(대화)을 받으면 하나 더하기로 줍니다. 그렇게 대화에 탄력이 붙고, 인간관계를 원활하게 하기 위한 화술이 됩니다.

가령 고객이 "요즘 경기가 안 좋지요?"라고 묻는다면 어떻게 대응해야 좋을까요? 페이싱과 하나 더하기의 대화로 생각해 보세요.

우선은 "네, 정말 경기가 안 좋은 것 같습니다."라고 동의합니다. 그리고 그다음에 "특히 철강업계가 많이 안 좋은 것 같더라고요."라고 하나 더하기를 해 보세요. 그렇게 하면 대화는 계속 연결될 것입니다.

반대로 페이싱을 하지 않으면 어떻게 될까요? 페이싱을 하지 않는 것을 '디스페이싱(Dispacing)'이라고 합니다.

고객 쪽에서 "경기가 안 좋지요?"라고 하는데 "아, 그래요? 저는 그렇게 생각하지 않는데요!"라고 대답하거나, "지금 몇 시입니까?"라고 묻는데 "거기 탁자 위에 시계 있잖아요!"라고 퉁명스럽게 말하면 상대방 기분도 언짢아지는 것은 당연합니다.

페이싱/하나 더하기 대화의 몇 가지 사례가 있습니다.

"귀사의 △△ 씨는 아주 밝은 사람이더군요."라는 고객의 말에 어떻게 대답하시겠습니까?

"그럴 리가요?", "아니요. 고객 앞에서만 그래요!"라고 대답하면 디스페이싱 대화가 됩니다. 분위기가 나빠지지요. 반면, "맞습니다. △△ 씨는 아주 밝지요. 회사 안에서도 인기가 많은 친구입니다."라고 하면 페이싱/하나 더하기 대화가 완성됩니다. 긍정적인 분위기가 되지요. 어떻습니까? 아무래도 후자가 좋겠지요?

"투수는 ○○ 선수가 많이 활약하고 있지요?"라는 말에 대해서는 어떤 대답이 좋을까요?

"저는 야구에 흥미가 없습니다.", "○○ 선수를 그다지 좋아하지 않습니다." 라고 대답하는 것은 디스페이싱입니다.

다음과 같이 먼저 페이싱을 하고 나서 하나 더하기 대화를 하는 것이 좋지 않을까요? "그렇지요. 국제대회에서 3관왕을 거머쥐다니 정말로 쾌거지요!", "○○ 선수는 저도 팬입니다. 정말 큰 활약을 펼치고 있지요!"

다만 페이싱/하나 더하기의 화술에는 주의할 점이 있습니다.

상대방에게 "요즈음 배가 아픈데 혹시 위궤양이 아닐까요?"라는 말을 들었다고 가정할게요.

이때에는 약간 다른 주의가 필요합니다. 흔히 대수롭지 않게 여겨 안이하게 격려하고 맙니다. 이것은 질문한 당사자는 생각지도 못한 반응이기 때문에 만족하지 못합니다.

"괜찮을 겁니다. 아마도 기분 탓이겠지요!"라든가 "그럴 리가 있겠습니까? 괜찮을 겁니다!"라고 해서는 상대방이 이해하지 못할 것입니다. 상대방 입장이 되어 한마디 하기 바랍니다.

"참 큰일이군요. 한 번 병원에 가서 진찰을 받아보시는 게 어떻겠습니까?", "아, 정말입니까? 그러고 보니 어딘가 아파 보이시네요. 한 번 제대로 병원에서 진찰을 받아보시는 게 좋을 것 같네요."라는 식으로 **동정하면서 상대방 입장이 되어 보는 것이 페이싱/하나 더하기 대화의 기본**이라고 할 수 있습니다.

페이싱 '하나 더하기'

상대방 말에 맞춘 다음에
한마디 덧붙인다
좋은 아침입니다.
좋은 아침입니다.
△△ 씨!

동정하면서 상대방 입장이
되어 보는 것이 대화의 기본이다

남의 말을 경청하는 사람은 어디서나 사랑받을 뿐 아니라
시간이 흐르면 지식을 얻게 된다.

_윌슨 미즈너

3-1
'잘 듣기'를 하면 설득과 공감에 성공하는 대화에 가까워진다

3-2
듣기의 다섯 가지 화술 ① 고개 끄덕이기 효과

3-3
듣기의 다섯 가지 화술 ② 맞장구 효과

3-4
듣기의 다섯 가지 화술 ③ 시선 효과

3-5
듣기의 다섯 가지 화술 ④ 질문 효과

3-6
듣기의 다섯 가지 화술 ⑤ 메모 효과

제3장

상대방의 호감을 사는 '듣기 화술'

3-1 '잘 듣기'를 하면 설득과 공감에 성공하는 대화에 가까워진다

설득과 공감에 성공하기 위한 대화에서 '이야기'하는 것의 중요성은 모두 알고 있지요. 그렇지만 그만큼 '듣는 화술'도 매우 중요합니다.

이야기를 잘 들으면 상대방의 요구를 파악하기 위한 정보 수집도 가능하고, 무엇보다 잘 들어주는 여러분에게 상대방은 호감을 느끼기 때문입니다.

한 경제신문에서 '최고 세일즈맨들의 실전 화술'에 대한 설문조사를 했습니다. 대화를 이끌어가는 자신만의 비법을 물어보는 조사였는데, 다음과 같은 결과가 나왔습니다.

1. 무조건 상대방 이야기를 잘 듣는다
2. '세상 이야기 80%, 일 이야기 20%'로 우선 자기를 좋아하게 만든다
3. 상대방 연령층에 어울리는 어휘를 사용한다
4. 좋은 점을 찾아서 칭찬하며, 뻔히 들여다보이는 말은 금물이다

각 업계의 최고 세일즈맨들의 비법 1위가 바로 '잘 듣기'였습니다. **'잘 듣기'를 통해 결과적으로 설득과 공감에 성공하는 대화에 가까워지는 것**

이지요. 게다가 이야기를 잘 듣고 있다는 태도를 보이면 고객의 신뢰까지 얻을 수 있습니다.

공감능력이 뛰어난 사람의 대화법은?

1. 무조건 상대방 이야기를 잘 듣는다

2. '세상 이야기 80%, 일 이야기 20%'로 우선 자기를 좋아하게 만든다

3. 상대방 연령층에 어울리는 어휘를 사용한다

4. 좋은 점을 찾아서 칭찬하며, 뻔히 들여다보이는 말은 금물이다

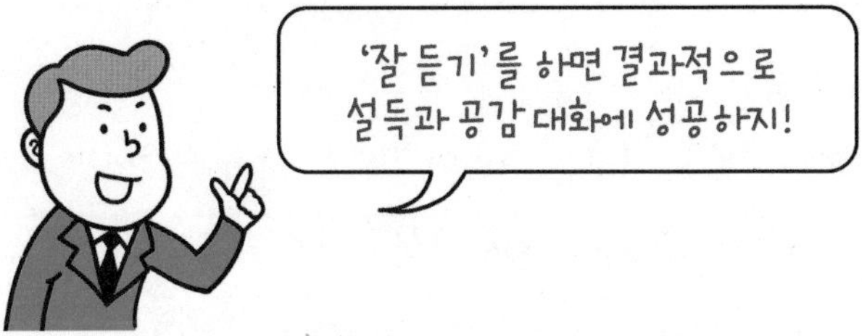
'잘 듣기'를 하면 결과적으로
설득과 공감 대화에 성공하지!

3-2 듣기의 다섯 가지 화술 ①
고개 끄덕이기 효과

이제 상대방의 이야기를 들을 때 '좋은 인상을 주는 방법'에 대해 소개할게요. 그것은 바로 '잘 듣기'입니다. 말을 잘하고, 설득을 잘하는 사람은 '잘 듣기'가 몸에 배어 있는 사람입니다.

'듣기 화술'에는 고개 끄덕이기 효과가 있습니다. 상대방은 여러분을 만나면 바로 여러분의 이야기를 듣지 않습니다. 우선 여러분을 관찰하지요.

그러므로 여러분은 몸짓과 행동으로 "당신 이야기를 잘 듣고 있습니다."라는 태도를 보여주는 것이 중요합니다. 그렇게 하려면 표정이나 태도에 특히 주의를 기울여야 합니다.

그중에서도 '고개 끄덕이기'는 소통에 큰 힘을 발휘하고 있습니다.

심리학자인 마타라조(Robert J. Matarazzo)의 실험에 따르면, 전혀 고개를 끄덕이지 않으면 이야기하는 사람은 불안해져서 20초 정도밖에 말을 하지 못합니다.

그런데 이야기를 들어주는 사람이 고개를 많이 끄덕이면 자기 말을 잘 듣고 있다고 안심하게 되어, 60초 정도로 이야기 시간이 늘어납니다.

상대방이 오래 이야기를 하면 정보도 많이 얻을 수 있고, 인간성도 파악할 수 있기 때문에 설득 전략을 세우는 데 아주 중요한 사항입니다.

반대로, **상대방의 끄덕임은 여러분이 '진지하게 들어주는 것에 만족한다'라는 의미입니다.**

듣기의 다섯 가지 화술 ① 고개 끄덕이기 효과

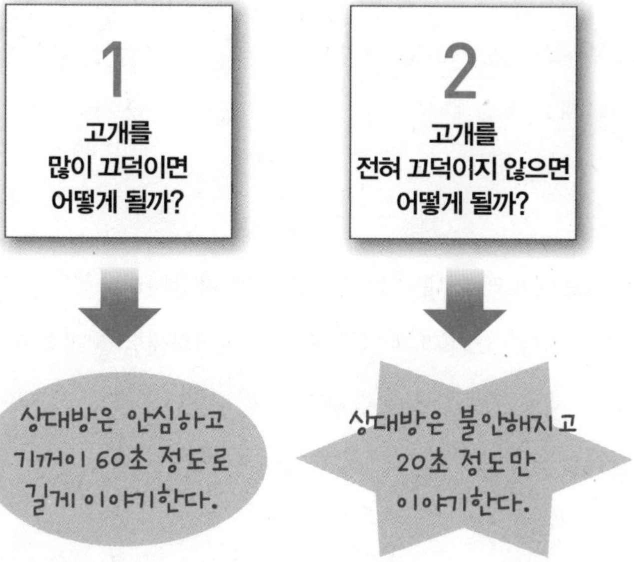
1
고개를
많이 끄덕이면
어떻게 될까?
2
고개를
전혀 끄덕이지 않으면
어떻게 될까?
상대방은 안심하고
기꺼이 60초 정도로
길게 이야기한다.
상대방은 불안해지고
20초 정도만
이야기한다.

상대방의 끄덕임은
여러분에 대한 만족의 의미이다

3-3 듣기의 다섯 가지 화술 ②
맞장구 효과

고개를 끄덕이는 것은 확실히 중요하지만, 아무 말도 하지 않고 단지 고개만 끄덕여서는 아직 많이 부족합니다.

고개를 끄덕이는 것은 눈을 통해 들어오는 정보라고 할 수 있는데, 상대방의 귀에도 '잘 듣고 있습니다'라고 하는 정보를 전달하면 상승효과가 일어나지요.

"아! 아!", "역시!", "그렇군요!", "대단하시네요!"

이런 식으로 **소리를 내서 맞장구를 치기 바랍니다.**

이것을 '놀라기 효과'라고 이름 지었는데, "최대한 상대방 이야기에 놀라줍시다!"라고 가르치고 있습니다. "예! 정말입니까? 참 대단하군요!"라고 놀라움을 상대방이 느끼게 표현해 주세요.

맞장구를 치면서 들으면 상대방의 기분이 좋아집니다. 나이, 성별을 떠나 자화자찬에 진지하게 귀를 기울여주는 여러분은 이미 상대방에게 '좋은 사람' 입니다.

듣기의 다섯 가지 화술 ② 맞장구 효과

상대방은 자기 이야기를 '잘 듣고 있습니다'라는 정보를 받으면 기분이 좋아진다

포인트

"아! 아!"
"역시!"
"그렇군요!"
"대단하시네요!"
라고 소리를 내서 맞장구친다

상대방 이야기에 진지하게 귀를 기울여 주는 여러분은 이미 상대방에게 '좋은 사람'이다

3-4 듣기의 다섯 가지 화술 ③ 시선 효과

'눈은 입과 같이 표현한다'고 합니다. '눈은 마음의 창'이라고도 하지요. 사람들은 인간성이나 성격이 눈에 잘 나타난다고도 믿습니다.

'부드러운 눈', '차가운 눈', '당황한 눈', '무언가를 탐내는 눈'과 같이 마음을 표현하는 데 눈이 곧잘 사용되고 있습니다.

'눈 위(윗사람)', '눈 아래(아랫사람)', '보는 눈이 있다', '주목하다'와 같이 인간관계를 '눈'에 빗대어 표현하는 말도 많습니다. 소통의 출발점이 눈이라고 해도 좋을 것입니다.

물론 설득과 공감을 위한 대화에서도 상대방의 이야기를 들을 때 '눈'은 큰 힘을 갖습니다. 우선 무엇보다 '당신 이야기에 집중하고 있습니다'라는 것을 행동으로 보여줘야만 합니다.

상대방을 제대로 쳐다본다는 것은 결국은 '잘 듣고 있습니다'라고 하는 의사표현이 되거든요.

단, 시선을 딴 데로 돌린다거나, 휴대전화나 신문을 들여다본다거나, 다른 행동을 하면서 상대방 이야기를 듣는 것은 절대 금물입니다.

상대방 이야기를 들을 때에는 집중하고 눈을 마주침으로써 여러분의 성의를 충분히 보여주세요.

듣기의 다섯 가지 화술 ③ 시선 효과

상대방을 제대로 쳐다보는 것은 '잘 듣고 있습니다'라고 하는 의사표현이다

포인트

- 제대로 눈을 마주쳐 성의를 보여준다

- 다른 행동을 하면서 상대방 이야기를 듣는 것은 그만둬야 한다

듣고 있습니다!
내 이야기를 잘 듣고 있군!

상대방 이야기를 들을 때에 '눈'은 큰 힘을 갖고 있다.

3-5 듣기의 다섯 가지 화술 ④
질문 효과

질문을 하는 것 또한 '당신의 이야기를 잘 듣고 있습니다'라는 표현입니다. 실제로 진지하게 듣고 있지 않으면, 질문할 수도 없겠지요.

설득과 공감에 성공하는 대화를 위해서는 상대방이 계속해서 대답하고 싶어지는 질문을 생각해 내야만 합니다.

질문에는 '열린(Open) 질문'과 '닫힌(Closed) 질문'이 있습니다. 아무리 질문을 해도 그다음이 연결되지 않는다면 '닫힌 질문'을 하고 있기 때문입니다.

'닫힌 질문'은 "예"나 "아니오"로 대답할 수 있는 질문이나 단답형 대답을 유도하는 질문입니다.

"납품일은 9월이 지나야 한다고 하셨지요?", "더우시지요?", "영국의 수도는 어디지요?"와 같은 질문을 하면 이야기를 지속할 수 없습니다.

그래서 '열린 질문'을 활용해야 합니다. '열린 질문'이란 가능한 한 상대방에게 의견을 맞추기 위해 하는 질문을 말합니다.

"매출 증대를 위해 중요한 것은 무엇일까요?", "어떻게 하면 그 문제가 해결될 수 있다고 생각하십니까?", "그 사건의 원인은 무엇이라고 생각하십니까?”와 같은 ‘열린 질문’을 하면 상대방이 얼마든지 자유롭게 이야기할 가능성이 커지며 대화가 지속되는 것이지요.

듣기의 다섯 가지 화술 ④ 질문 효과

**질문한다는 것은
“당신 이야기를 잘 듣고 있습니다”라는
의사표현이다**

열린 질문

||

가능한 한 상대방에게
의견을 맞추기 위해 하는 질문

매출 증대를 위해 중요한 것은 무엇일까요?
어떻게 하면 그 문제가 해결될 수 있다고 생각하십니까?

열린 질문을 하면 얼마든지
이야기가 이어질 가능성이 있다

3-6

듣기의 다섯 가지 화술 ⑤
메모 효과

강연을 하다 보면 "과연 이 사람은 정말로 듣고 있는 걸까?"라고 생각되는 경우가 많이 있습니다. 그 이유는 전혀 메모하고 있지 않은 수강생이 대부분이기 때문입니다.

특히 강연을 듣다 보면 새로운 아이디어가 떠오르는 경우도 있고, 새로운 지식과 정보를 얻기도 합니다. 그런데도 적지 않고 앉아만 있습니다. 전혀 메모하지 않는다는 것은 실패의 가장 큰 원인이 됩니다.

만약 전혀 메모하지 않고 상대방과 대면하고 있다면, 그 상대방은 어떻게 생각을 할까요?

'이 사람은 건방지군!'

'메모하지 않아도 괜찮은 걸까? 내가 한 말을 다 기억할까?'

이런 의심을 키우게 해 좋은 인상을 남길 수 없습니다. 상대방을 설득하려면 "질이 좋은 가죽제품의 큰 수첩을 지참하라."가 저의 지론입니다.

또한, **메모하는 것 그 자체가 '이야기를 진지하게 듣고 있습니다'라는 것을 보여주는 행동이기도 합니다.**

더욱이 메모는 '말했다—하지 않았다'고 하는 의사소통상의 상호 오해와 전달 실수를 예방하는 효과도 있습니다. 그러므로 철저한 메모광이 되라고 강력히 추천합니다.

듣기의 다섯 가지 화술 ⑤ 메모 효과

1	2
메모를 한다	메모를 하지 않는다
상대방 이야기를 진지하게 듣고 있다는 것을 행동으로 보여준다	이 사람은 정말로 듣고 있는 걸까라고 하는 나쁜 인상을 준다

진지하게
듣고 있군!

메모는 의사소통에 있어 상호 오해와
전달 실수를 예방하는 효과가 있다

그리고 이야기를 다 듣고 나서 꼭 해야 하는 것이 바로 '백트래킹(Back Tracking; 말맞추기)'입니다.

백트래킹은 상대방의 이야기를 반복해서 따라 하는 것을 의미합니다. **백트래킹을 하면 그동안 나눈 이야기를 확인할 수 있고, 화제가 단절되는 것도 예방할 수 있습니다.** 그리고 무엇보다 상대방에게 "제대로 듣고 있구나!", "머리가 좋은 사람이군!", "세심한 사람이네!" 같은 좋은 인상을 줄 수 있습니다.

예를 들어 "오늘은 여러 가지로 감사드립니다. 하신 말씀을 한 번 정리해 보면, △△님이 말씀하고자 하는 것은 세 가지로 요약할 수 있겠습니다. 첫 번째가 ○○, 두 번째가 □□, 그리고 세 번째가 ◇◇이지 않나요? 또 다른 것은 없으십니까?"

이렇게 대화를 진행하면 부드럽게 다음 단계로 전개할 수 있습니다.

여러분은 상대방의 이야기를 들으면서 나중에 백트래킹할 수 있도록 기억해야 합니다. 장시간에 걸쳐 대화하는 경우에는 메모하는 것이 좋지만, 지나가는 길에 잠시 서서 이야기하는 정도라면 메모를 하는 것은 어색하고 부담스러울 수 있기 때문에 반드시 기억하도록 하세요. 기억하는 것이 어렵고 서툴다고 하더라도 연습으로 좋아질 수 있습니다.

대화의 마지막에 백트래킹을 함으로써 다음 전개로 부드럽게 진행할 수 있습니다.

반드시 습관으로 익숙해져야 하는 화술입니다.

백트래킹 화술

장 점

- 이야기를 확인할 수 있다

- 대화가 단절되는 것을 예방할 수 있다

- 상대방에게 "제대로 듣고 있구나!", "머리가 좋은 사람이군!", "세심한 사람이네!" 같은 좋은 인상을 심어줄 수 있다

○○이 잘 팔리고 있습니다.
아, ○○이 잘 팔리고 있군요!

백트래킹을 함으로써
다음 전개로 부드럽게 진행할 수 있다

제대로 질문할 줄 아는 능력이야말로
가장 중요한 정보수집 기술이다.

_짐 파커

4-1
듣는 역할을 잘하면
상대방의 요구를
알게 된다!

4-2
대화가 부드럽게
진행되는
'Yes · Taking법'

4-3
'사람에 대한 질문',
'현상에 대한 질문',
'문제에 대한 질문'

4-4
질문 화술 ①
마법의 질문
'만약에 ~라면'

4-5
질문 화술 ②
해결암시형

4-6
질문 화술 ③
성공사례 제시형

4-7
질문 화술 ④
이익 강조형

4-8
질문 화술 ⑤
역질문형

제4장

호감 가는 사람으로 기억되는 '질문 화술'

4-1

듣는 역할을 잘하면 상대방의 요구를 알게 된다!

앞서도 사람은 사물을 부정적으로 생각한다고 기술하였습니다. 예를 들어 여러분이 하는 말에 대해 무엇이든지 다 부정하는 사람이 있다고 가정해 보겠습니다.

이런 사람을 만나면 어떤 기분이 들 것 같나요?

아마도 이야기할 기분이 나지 않게 되고, 상대방에게 혐오감마저 느끼게 되지 않을까요? 성공적인 대화를 위해서는 **상대방이 여러분을 싫어하게 되면 절대 안 됩니다**.

한 스님의 일화를 소개하겠습니다. 그 스님은 1890~1900년대 미국에 선불교를 알리러 다녀올 정도로 선구자였습니다. 어느 날 미국 종교학 교수가 스님을 찾아왔습니다. 기독교와 비교해 '선(禪)이란 무엇인가?'에 대한 연구 논문을 쓰기 위해서였습니다.

그런데 스님이 불교 이야기를 시작하자 그 교수는 '이상하다', '논리적이지 않다'는 이유로 의심 가득한 질문만 해 왔습니다. 스님은 그런 교수를 보더니 "옆방에서 차라도 한잔 하시지요."라고 하고는 찻잔에 차를 따르기 시작했습니다. 그런데 차가 흘러넘치는데도 스님은 멈추지 않고 계속 따랐습니다.

"스님! 차가 넘치고 있습니다."라고 하는 교수에게 "당신의 마음과 똑 같지 않습니까?"라고 스님은 말했습니다.

"당신의 마음속은 이 찻잔과 마찬가지로 잡념으로 가득 차 있습니다. 제가 설명을 하면 곧바로 부정해 버리기 때문에 선이라고 하는 차를 담을 수 없는 것입니다. 진정으로 선에 대해 알고 싶으시다면 마음속을 비우시기 바랍니다."

즉 상대방의 마음의 잔을 비우지 못하면 여러분이 말하는 것이 그 마음을 채울 수 없는 것입니다. 다시 말하면 **사람을 설득하고자 하는 경우에는 가장 먼저 상대방이 전부 이야기를 꺼내도록 하고, 마음속에 있는 것을 모두 토해내게 해야 합니다.** 마침내 마음속이 텅 비게 되었을 시점에 여러분의 주장을 채워 넣는다면 수월하게 받아들일 것입니다.

곧바로 반응이 보이지 않아도 괜찮습니다.

상대방의 이야기를 잘 들으세요.

갑자기 여러분의 이야기만 늘어놓으면 상대방의 마음속은 미국의 종교학 교수처럼 이미 다른 것들로 가득 차 있어서 절대로 받아들여지지 않을 것입니다.

듣는 역할을 잘하면 의사소통이 잘되고, 상대방의 호감을 살 수 있습니다. 그렇게 되면 설득과 공감에 성공하는 대화의 기초가 마련되는 것이지요.

호감형으로 기억되는 사람은 자기 자신의 이야기를 하기보다 상대방의 이야기를 듣는 것부터 시작해서 정보를 얻기 위해 노력합니다. 듣는 것의 이점은 다음과 같습니다.

1. 들으면 정보를 얻을 수 있다(상대방이 무엇을 생각하고 있는지 알게 된다) → **상대방의 요구를 파악할 수 있다**
2. 들음으로써 관계가 좋아진다(상대방과 공통점에 초점을 맞춘다) → **공감 영역이 넓어지고 좋은 인간관계를 맺을 수 있다**
3. 상대방이 자기만족을 한다(사람은 자신의 이야기를 함으로써 마음이 치유된다) → **철저하게 상대방과 관련된 것을 화제로 삼아 우월감, 자존심을 충족시켜 준다**
4. 들으면 지식이 늘어난다 → **습득한 지식은 비슷한 일이 생기면 사용할 수 있다**
5. 상대방의 인간성을 알 수 있다 → **적극적인지 소극적인지, 부드러운 사람인지 엄격한 사람인지 알게 되어 차후 대응하는 데 실마리를 얻을 수 있다**
6. 적절한 질문을 함으로써 상대방의 문제를 해결하는 전문가의 이미지를 심어줄 수 있다 → **신뢰를 받는다**

그러면 상대방의 이야기는 어떻게 하면 '잘 들을' 수 있을까요?

바로 질문하면 되는 것입니다.

질문을 하면 여러분은 상대방에 대해 다양한 정보를 얻을 수 있습니다. 어떤 질문이 좋은 질문인지 다음에서 설명해 드리겠습니다.

상대방의 이야기를 듣는다

장 점

들으면 정보를 얻을 수 있다

들음으로써 관계가 좋아진다

상대방이 자기만족을 한다

들으면 지식이 늘어난다

상대방의 인간성을 알 수 있다

상대방의 문제를 해결할 수 있고, 신뢰를 얻는다

> 상대방의 마음 속이 완전히 비워지면
> 여러분의 의견을 쉽게 받아들인다

4-2 대화가 부드럽게 진행되는 'Yes • Taking법'

상대방과 첫 대면에 무슨 이야기를 하면 좋을지 망설이는 사람이 많습니다. 모처럼 상대방이 마음의 문을 열어주더라도, 여러분이 이야기를 잘 진행하지 못하면 대화는 성립되지 않습니다. 오랜 고민 끝에 'Yes • Taking법'을 익히고 나서는 곤란한 일이 사라졌습니다.

'Yes • Taking법'이란 상대방이 명백하게 "예!"라고 대답할 수 있는 질문을 하는 화술입니다.

가령 고층빌딩 사무실에 있는 상대방을 방문했다고 가정해 보겠습니다. 이 경우에 불필요하게 상대방을 칭찬하거나 무리하게 세상 이야기를 하려고 애쓸 필요가 없습니다. 분위기를 보고 곧바로 이렇게 질문을 하면 어떨까요?

"정말로 전망이 좋군요. 남산이 저쪽인가요?"

그러면 상대방은 "예, 그렇습니다."라고 대답할 것입니다.

이렇게 **상대방이 "예!"라고 대답할 수 있는 질문을 반복**하는 것입니다. 그렇게 하면 부드럽게 대화를 시작하고 이끌어 갈 수 있습니다.

상대방이 "예!"라고 대답할 수 있는 질문을 한다

A 제품이
좋지 않던가요?
음… 무슨 얘기를
해야 좋을까…
예

무슨 이야기를 하면 좋을지 망설여질 때

Yes • Taking법을 사용한다

상대방이 "예!"라고 대답할 수 있는
질문을 반복하면 부드러운 대화가 가능해진다

Yes • Taking법의 중요한 점은 상대방이 명백하게 "예!"라고 대답할 수 있는 질문을 하는 것입니다. 예를 들어

"오늘이 2월 13일이지요?"

"예, 그렇습니다."

"그러면 내일이 밸런타인데이네요?"

"그렇군요!"

"요즈음에는 의리 초콜릿이 있다고 하던데, ㅇㅇ 씨는 어떻게 생각하십니까?"

이런 식으로 대화를 이어갑니다.

상대방을 방문하면 처음 '준비' 단계에서 상대방과 자신의 공통점을 찾거나 리듬을 맞춰가는 일을 합니다. 그러다가 이처럼 Yes • Taking 질문을 하면 상대방과의 의사소통이 좋아지고, 결과적으로 대화가 수월하게 진행됩니다.

준비 시간이 짧을 때 사용할 수 있는 또 다른 방법이 있습니다. 이때에는 격식에 얽매이지 않고 가볍게 이야기할 때의 주제로 Yes • Taking법을 사용하지 않고 곧바로 지난번 이야기했던 것을 확인하는 방법도 있습니다.

"지난번 미팅에서는 납품기한이 3월 25일까지였죠?"

"그렇습니다."

"그래서 이번에는 상세하게 작성한 견적을 가지고 왔습니다."

이렇게 빠르지만 부드럽게 상담으로 들어갈 수 있습니다.

Yes • Taking법의 대화 사례

오늘이 2월 13일이지요?
예, 그렇습니다.
그럼 내일이 밸런타인데이군요?
그렇군요!

Yes • Taking법을 통해 상대방과의
공통점을 찾거나 리듬을 맞춰간다

4-3 '사람에 대한 질문', '현상에 대한 질문', '문제에 대한 질문'

상대방의 이야기를 듣기 위해서는 상대방이 이야기하도록 유도해야 합니다. 이야기하도록 유도하기 위해서는 상대방이 이야기할 수 있는 질문을 해야 하지요. 질문은 곧 이야기 유도의 지름길입니다.

대부분의 사람은 반사와 학습 때문에 질문을 받으면 대답을 합니다. 그래서 정상의 세일즈맨들은 잘 듣고, 잘 질문하는 것이 일상화되어 있는 것입니다. 즉 상대방의 이야기로부터 정보 수집하기는 사람들의 설득과 공감을 얻기 위한 대화에서 중요한 사항입니다.

질문은 다음과 같이 세 가지로 나눌 수 있습니다.

① 사람에 대한 질문

② 현상에 대한 질문

③ 문제에 대한 질문

이들 질문으로 정보를 수집할 수 있으며, 동시에 좋은 인간관계도 이룰 수 있습니다.

① 사람에 대한 질문

사람에 대한 질문은 상대방의 성격이나 인간성에 대해서 파악하거나, 개인사와 관련된 정보를 알아내 친해지기 위해 활용합니다.

"사시는 곳은 어디입니까?"

"가족은 몇 분이나 되시나요?"

"○○ 씨는 상당히 꼼꼼하신 것 같은데, 역시 계획적으로 행동하는 유형이신가요?"

영업에서는 빼놓을 수 없는 최종결정권자를 확인하는 것도 이 질문에 해당합니다.

"그렇다면 △△ 부장님의 승인만 있으면 되는 거네요?"

"실제로는 사모님이 결정권을 갖고 계시군요?"

격식을 갖춘 질문 속에서도 이러한 사람에 대한 질문이 있다면 정보를 얻을 수 있습니다. 또 가벼운 농담이나 잡담 중에 사용해도 좋습니다.

② 현상에 대한 질문

현상에 대한 질문은 상대방의 상태, 지금 처한 상황이나 겪고 있는 문제를 알기 위한 질문입니다.

손자병법에 '지피지기 백전불태(知彼知己 百戰不殆)'* 라는 말이 있습니다. 상대방 상황을 아는 것은 설득과 공감에 성공하는 대화의 토대이자 기

* 지피지기 백전불태: 고대 중국의 병법서인 〈손자병법(孫子兵法)〉의 모공(謀攻)편에 나오는 말로 '상대를 알고 나를 알면 백 번 싸워도 위태롭지 않다'는 뜻으로, 상대방과 나의 약점과 강점을 충분히 알고 승산이 있을 때 싸움을 하면 이길 수 있다는 말이다.

본 중의 기본입니다.

"어떤 일을 하고 계십니까?"
"PC는 몇 대 있습니까?"
"홈페이지는 어떻게 활용하고 있습니까?"

이러한 질문이 바로 현상에 대한 질문입니다.
"관리는 어느 분이 하고 계십니까?"라는 질문은 사람에 대한 질문과 현상에 대한 질문이 합쳐진 복합질문입니다.

③ 문제에 대한 질문

문제에 대한 질문은 상대방의 과거부터 현재까지의 문제 또는 장래의 희망사항을 듣기 위한 질문입니다.

상대방의 희망을 물어봅니다.
"홈페이지를 앞으로 어떻게 활용하실 예정이십니까?"

또한, 상대방의 문제 그 자체를 직접 언급할 수 있습니다.
"이 예산 범위라면 어떤 문제가 발생합니까?"
"PC가 3대라면 조금 적은 듯한 느낌이 드는데, 불편한 점은 없습니까?"
"지금 사용하고 있는 PC로는 어떤 불편한 점이 있습니까?"
"지금까지는 관리할 수 없다고 말씀하시는 거지요?"

이처럼 정보를 얻는 데 기본이 되는 세 가지 형태의 질문을 자유롭게 활용하기 바랍니다. 이 세 가지 질문 화술을 때와 장소에 따라 임기응변식으로 잘 활용할 수만 있다면, 반드시 상대방의 이야기를 잘 끌어낼 수 있습니다.

'사람에 대한 질문', '현상에 대한 질문', '문제에 대한 질문'

사람에 대한 질문

상대방의 성격이나 인간성,
개인사에 관한 질문

현상에 대한 질문

상대방의 상태, 지금 상태를
알기 위한 질문

문제에 대한 질문

상대방의 과거부터 현재까지의 문제나
장래의 희망을 듣기 위한 질문

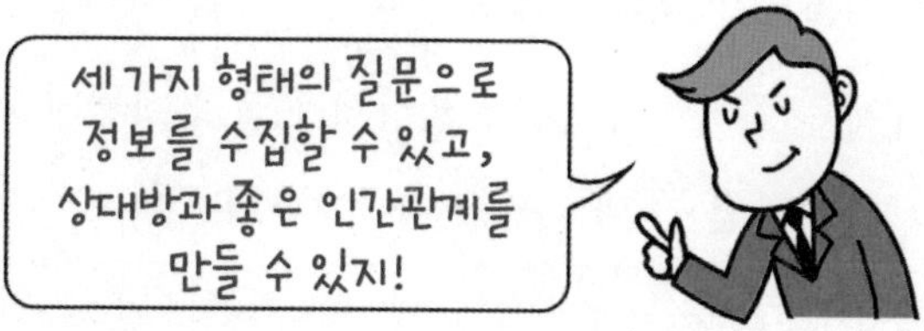
세 가지 형태의 질문으로
정보를 수집할 수 있고,
상대방과 좋은 인간관계를
만들 수 있지!

4-4 질문 화술 ①

마법의 질문 '만약에 ~라면'

설득과 공감의 성공에 좀 더 다가서기 위한 전문가의 질문 화술을 소개해 드리겠습니다. 실제로 사용하여 성과를 올린 것입니다.

'만약에 ~라면'이라고 하는 질문 형태로 상대방은 구체적으로 쉽게 이미지를 떠올릴 수 있습니다. 또한 **'만약에'라고 하는 가정의 이야기이기 때문에 고객도 쉽게 대답할 수 있습니다.**

예를 들어 "만약에 강연을 하시면 예산은 어느 정도로 생각하시나요?"라고 단도직입적으로 물어볼 수도 있습니다. 이런 질문에 상대방이 순순히 금액을 말해 준다면 거기에 가까운 견적을 내놓을 수 있고, 결과적으로 계약이 성사될 가능성이 높아집니다.

즉 **'만약에'라고 하는 질문으로 우회적으로 물어봄으로써 구체적인 정보를 얻을 수가 있는 것입니다.** 그렇다고 하더라도 익숙한 최종결정권자라면 복수의 견적을 요구하는 경우도 있기 때문에 반드시 주의해야 합니다. '만약에'라고 가정하면서 자세하게 견적을 내놓게 되면, "그렇게 저렴하게 할 수 있다면 좀 더 저렴하게 해 주세요."와 같은 요구를 해 올 수 있기 때문이지요.

질문 화술 ① 마법의 질문 '만약에 ~라면'

'만약에 ~라면'이라고 하는 형태로 질문한다

'만약에'라고 하는 가정의 이야기이므로
상대방도 대답하기 쉽다

만약에 할인해드린다면 구매하실 수 있겠습니까?
음, 반품도 가능하다면요!
그렇다면 소량부터 주문을 제안해 봐야지!

'만약에'라고 하는 질문으로 우회적으로 물어봄으로써
구체적인 정보를 얻을 수 있다!

4-5 질문 화술 ② 해결암시형

해결암시형은 상대방으로부터 불만족을 나타내는 행동을 느꼈거나 직접 불편의 말을 들었을 때 여러분이 그것을 거꾸로 이용하여 '해결을 암시하는 형태'로 만드는 것입니다.

상대방이 화가 난 상태라도 절대 기가 죽지 않는 것입니다. 오히려 상대방의 불만족과 불평을 이용하여 문제를 해결하는 질문을 하는 것이지요.

예를 들면 "귀사는 언제나 납품일이 늦군요!"라고 불평을 합니다.

이 경우에는 "중요한 점을 지적해 주셨습니다."라고 우선 상대방을 인정한 다음에, "△△ 씨, 만약에 납품 문제가 해결된다면 다른 문제는 없는 것이지요?"라고 확인하고 나서 설득하거나 이해시킬 수 있는 대화를 진행합니다.

"글쎄, 납품뿐일까요?"라고 하는 상황이라면 다른 질문을 더 해야 합니다. "그것 말고 다른 문제가 있습니까?", "어느 부분을 해결해 드리면 좋을까요?"라고 이어갑니다.

"최종결정권자는 누구입니까?", "무엇이 진짜 문제인가요?" 등 질문을 반복해서 진짜 거절인지 아닌지, 어떤 궁금증과 걱정을 가졌는지 확실히 알 수 있습니다.

질문 화술 ② 해결암시형

상대방에게서 불만족/불평에 가까운 고민이나 거절이 있을 때

↓

이것들을 거꾸로 이용하여 해결을 암시한다

주문한 것이 아직 도착하지 않았습니다!!
죄송합니다! 아주 인기가 많은 상품이라 겨우 확보할 수 있었습니다! 운이 좋으십니다!
예? 그래요?

고객의 불만족을 거꾸로 이용하여 문제를 해결한다

4-6

질문 화술 ③
성공사례 제시형

성공사례 제시형은 성공한 제3자의 사례를 들어 질문하는 방법입니다. 설득과 공감을 얻어야 하는 사람이라면 반론하고 싶어도 상대방의 기분을 상하게 하는 발언은 하지 않아야 합니다. 절대로 득이 되지 않기 때문이지요. 성공한 제3자의 사례를 들어 이야기함으로써 객관적이고 부드럽게 대화를 진행해야 합니다.

"마찬가지로 A사의 △△ 씨는 어렵다고 말씀하셨지만, 지금은 달인이 되셨습니다."

"이 정도 컴퓨터 사양이라면 B사의 ○○ 씨는 개인 문서작성 작업에 충분하다고 말씀하셨습니다."

이처럼 제3자의 사례를 든 다음에 "어떻게 생각하십니까?" 라고 질문을 하면 자연스럽게 상담을 이어갈 수 있습니다.

사람은 부정적인 생각을 한다고 하였습니다. 더군다나 상품 구매에 특히 불안을 많이 느낍니다. 구매하기 전에는 '어쩌면 사지 않아도 되는 게 아닐까', '비싸게 사는 게 아닐까' 하는 마음을 갖고 있는 것이지요. 구매한 후에는 상품을 사고 양심의 가책을 느끼며, 후회하는 심리인 '구매자의 후회(buyer's remorse)'를 경험하기도 합니다.

그러므로 같은 경험으로 성공한 제3자의 사례를 확실하게 제시해 주는 것이 중요합니다. **사람은 손해를 보지 않는다는 사실을 알게 되면 안심하는 법이지요.** 불안을 제거하면 대화는 성공에 가까워집니다.

질문 화술 ③ 성공사례 제시형

성공한 제3자의 사례를 들어 질문하는 방법

장점

성공한 제3자의 사례를 제시

↓

상대방과의 갈등 없이
효과적으로
성공적인 대화로 유도한다

제3자의 성공을
확실하게
제시할 것!

4-7 질문 화술 ④
이익 강조형

이익 강조형은 문자 그대로 여러분의 말에 설득당하고 공감하였을 때 상대방이 얻을 이익을 강조하는 방법입니다.

구매자라면 무엇보다 상품을 구매했을 때의 이익을 알고 싶어 하겠지요. 세일즈 및 마케팅 상황이라면 이 점에 유의하여 대화를 진행해야 합니다.

예를 들어

"이 PC의 무게는 1킬로그램도 되지 않습니다. 갖고 다니기에는 역시 가벼운 것이 좋지 않겠습니까?"

"가죽으로 테두리를 감싸 쉽게 닳지 않고, 고급스러운 느낌이 납니다. 어차피 구매하실 거라면 역시 고급스러운 느낌이 있는 이 수첩이 좋지 않을까요?"

"경제성은 중요하지 않으신가요? 이 유형은 하루에 단돈 1천 원만 투자하시면 됩니다."

이렇게 질문하여 상대방의 심리를 건드려 볼 수 있겠습니다.

사람은 부정적 사고도 하지만 때로는 이기적 사고도 합니다. 자신의 이익을 가장 많이 염두에 두지요. 그러므로 편리성, 유용성, 경제성 등 선택에 따라 상대방이 얻을 이익을 충분히 강조하는 질문이 필요합니다.

질문 화술 ④ 이익 강조형

고객이 얻을 수 있는 이익을 강조한다

효과

편리성, 유용성, 경제성 등 선택에 따라 상대방이 얻을 이익을 충분히 강조하여 질문 반복

↓

상대와의 대화 자체를 강조

사람은 자신의 이익을 따지면서 선택을 할지 말지 고민하지!

4-8 질문 화술 ⑤
역질문형

역질문형이란 질문에 질문으로 대응하는 방법입니다. 직접 실전에 응용하여 큰 성과를 올리고 있습니다.

예를 들어 전화로 "귀사에서는 주로 어느 계층을 대상으로 프레젠테이션을 하고 있습니까?"라고 질문받았을 경우에, "그런 질문을 하시는 이유는 어느 특정 계층을 염두에 두고 계시기 때문인가요?"라고 거꾸로 질문을 해 봅니다.

그러면 "신입사원들입니다만 …….."과 같은 좀 더 값진 정보를 얻을 수 있기 때문에 "그렇다면 아주 딱 들어맞는 프로그램이 있습니다. 오후에 설명해 드리러 찾아뵐까요?"라고 자연스럽게 이어갈 수 있습니다.

만약에 "귀사에서는 주로 어느 계층을 대상으로 프레젠테이션을 하고 있습니까?"라는 질문에 "관리자층입니다."라고 대답한다면, 상대방은 "우리 회사는 신입사원을 고려하고 있는데 맞지 않는군요."라고 반응해 올 가능성이 큽니다. 그러면 대화는 안타깝지만 그 상태로 종결입니다.

그러므로 **질문에 대해 질문으로 대응하여 상대 만족도를 높일 수 있습**

니다. 정보를 얻기 위해 상대방의 질문에 질문으로 대응하는 전략을 꼭 한 번 사용해 보기 바랍니다.

질문 화술 ⑤ 역질문형

질문에 질문으로 대응하는 방법

장점

질문에 질문으로 대응

↓

상대방의 정보를 얻고,
성공적인 대화에 가까워진다

이게 우리 회사에서
팔릴 것 같습니까?
어떤 점이 마음에
걸리십니까?
너무 비싸지
않나요?
다른 회사 제품은
어땠습니까?

역질문을 하면
상대방의 정보와 요구를 알 수 있다!

가장 큰 정보는 무심코 주고받는 대화 속에 있다.

_앤디 그로브

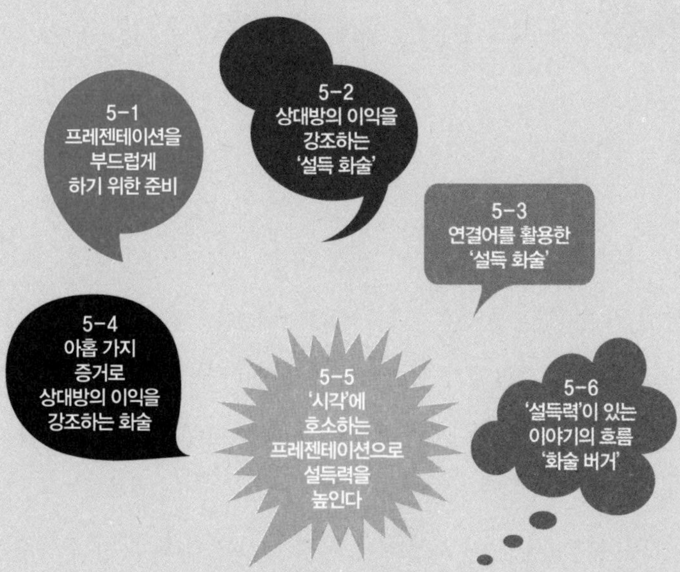
5-1
프레젠테이션을
부드럽게
하기 위한 준비
5-2
상대방의 이익을
강조하는
'설득 화술'
5-3
연결어를 활용한
'설득 화술'
5-4
아홉 가지
증거로
상대방의 이익을
강조하는 화술
5-5
'시각'에
호소하는
프레젠테이션으로
설득력을
높인다
5-6
'설득력'이 있는
이야기의 흐름
'화술 버거'

제5장

설득과 공감을 위한 '최적의 프레젠테이션 화술'

5-1 프레젠테이션을 부드럽게 하기 위한 준비

제2장 '마법의 화술'과 제4장의 '질문 화술'을 통해 상대방의 정보와 요구를 알게 되었다면, 자세한 설명(이하 '프레젠테이션')을 할 단계입니다. 호감을 사고, 좋은 인간관계가 형성되었다고 하더라도 설득력 있고, 공감하는 대화를 할 수 없다면 상대방은 완벽하게 내 편이 된 것이 아닙니다.

프레젠테이션이란 어떤 사건이나 사물(상품)에 대해 자기 생각을 상대방에게 전달하는 것입니다. 가령, 상품을 설명할 때에는 상대방에게 상품의 이점을 확실하게 전달하지 못하면 아무런 의미가 없습니다. 프레젠테이션할 때는 일방적으로 설명만 하기보다 상대방의 반응도 확실하게 살펴야 합니다.

가장 먼저 해야 할 일은 포인트 시트(point sheet; 요점 목록) 준비하기입니다. 이것은 간단하면서도 매우 효과적인 방법입니다.

상대가 한 명이든 여러 명이든 누군가를 만나서 대화할 경우에는 미리 자기가 생각하고 있는 요점을 기록해 둬야 합니다. 이러한 포인트 시트는 전화로 상대방을 설득할 경우에도 필수입니다.

프레젠테이션은 언제나 중요합니다. 철저히 준비해야 합니다.

포인트 시트란?

상품 ______________________________

상품의 특징	상대방(고객)의 이익
1. ____________	1. ____________
2. ____________	2. ____________
3. ____________	3. ____________
4. ____________	4. ____________
5. ____________	5. ____________
6. ____________	6. ____________
7. ____________	7. ____________

자기가 생각하고 있는 요점을
목록으로 기록해 둔다

5-2 상대방의 이익을 강조하는 '설득 화술'

설득에 성공하는 대화에서 가장 힘이 있는 것은 어떤 것일까요? 아마도 **'상대방의 이익에 초점을 맞추는 대화'**일 것입니다.

고령의 상대방에 대한 사전 지식 없이 "온도조절장치는 자체적으로 개발한 모터를 사용하여 열효율과 연비는 …… ."같이 마치 설명서를 읽듯이 말하면 결국 실패입니다. 이 고령의 상대방이 알고 싶은 것, 이익이라고 하는 것은 아마도 "나를 정말로 따뜻하게 해 줄까?"일 것입니다. 거기에 초점을 맞춰 설명해야 합니다.

예를 들어 백과사전의 장점에 대해 상대방을 설득하는 데 다음과 같이 설명한다면 어떨까요?

"이 백과사전의 표지는 가죽소재로 되어 있습니다. 사진은 무려 1,500장이나 실려 있습니다. 각 분야의 유명한 학자 300명을 동원하여 집필하였습니다. 어떠십니까?"

과연 몇 명이나 '정말 좋은 백과사전이구나'는 생각을 할까요? 아마 0.1%도 찾기 어려울 것입니다. 왜냐하면, 백과사전 자체의 특징에 대해서만 설명했기 때문입니다.

이 경우에는 "자녀분이 초등학생이지요? 앞으로의 교육과 시야를 넓히는 데에 반드시 도움이 될 겁니다."라고 상대방이 얻을 이익을 강조해야 합니다.

잊지 마세요! 강조해야 할 사항은 상대방이 얻게 될 이익입니다.

상대방의 이익을 강조한다

'상대방의 이익'에 초점을 맞춘 화술

주의사항

상품의 특징, 이익을 말하지 말고
어디까지나 고객이 얻게 될 이익을 말한다

지금 사면 득이 됩니다.
○○ 씨에게 손해를 입히고 싶지 않습니다.
△△ 씨에게 도움을 드리고 싶습니다.
반드시 만족하실 것입니다.

상대방이 얻게 될 이익을 강조한다

5-3 연결어를 활용한 '설득 화술'

설득과 공감에 성공하는 대화에서 강조하고 싶은 것에 대한 이익은 특징을 이야기하고 나서 추가로 해야 합니다.

예를 들어 "이 수첩의 표지는 가죽제품입니다."로 끝내지 말고, "가죽제품입니다. 그러므로 고급스러운 느낌이 납니다."와 같이 이어가는 것입니다.

'그러므로'라고 하는 말로 상품의 특징과 사용자가 얻게 될 이익을 연결하고 있습니다. 이렇게 이어주는 단어를 연결어(Bridge Word)라고 합니다.

'그러므로', '이렇게 한 이유는', '따라서', '즉 이것은'

이런 말들을 연결 표현으로 적절히 사용하여 자연스러운 대화를 해 보세요.

"이 의자는 철제제품입니다. 그러므로 튼튼하고 오래 쓸 수 있습니다."

"이 의자에는 3센티미터짜리 메모리폼이 설치되어 있습니다. 이렇게 한 이유는 쾌적하고 안락한 상태에서 일의 능률을 올리기 위함입니다."

"이 의자에는 천이 깔려 있습니다. 따라서 어느 실내장식과도 어울리며 세련되고, 고급스러운 느낌이 납니다."

"이 의자는 접이식입니다. 즉 이것은 수납하기에 편리하다는 것을 의미합니다."

이런 식으로 '연결어'를 활용해 이익을 강조하는 말을 해 보기 바랍니다.

연결어

'그러므로'
'이렇게 한 것은'
'따라서'
'즉 이것은'
등

〈예문〉

"이 의자는 철제제품입니다.
그러므로 튼튼하고 오래 쓸 수 있습니다."

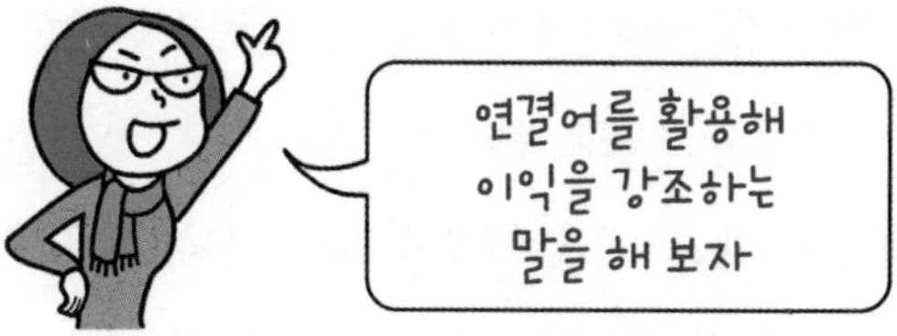
연결어를 활용해
이익을 강조하는
말을 해 보자

5-4 아홉 가지 증거로 상대방의 이익을 강조하는 화술

강한 설득과 공감을 위해서는 신뢰를 얻을 수 있을 만한 증거를 준비해야 합니다. 그 증거는 다음을 갖추면 더욱 좋습니다.

1. 상품, 서비스와 관련이 있어야 한다
2. 정확해야 한다
3. 자세해야 한다
4. 알기 쉬워야 한다

이것들을 기억하면서 다음 아홉 가지 증거를 살펴봅시다.

증거 ① 제3자의 증언

'ㅇㅇ대학 교수 추천', '치과의사협회 인정 칫솔' 등은 강력한 도움이 되는 증언입니다. '후광효과'라고도 하는데, **사람들은 이런 권위 있는 사람의 조언을 신뢰합니다.** 제3자가 직접 사용해 보고 좋았다고 하는 후기를 편지나 추천장, 감사장 형태로 만들어 상대방에게 보여준다면 여러분의 이야기는 더욱 신뢰할 수 있게 되지요. 그동안 대화에 만족한 사람들의 편지, 추천장, 감사장 등을 항상 준비해 두기 바랍니다.

증거 ② 시각자료

'백문이 불여일견'이라는 말이 있지요. "이 기사를 봐 주세요."라고 하고서 여러분이나 여러분 회사에 대한 신문기사나 잡지를 보여주면서 이야기하세요. **기사, 광고 등 '눈에 보이는 것'에 의해 고객의 신뢰는 커지면서 긍정적인 반응을 끌어낼 수 있습니다.** 숫자 정보는 한눈에 보기 쉽게 그래프나 도표로 나타냅니다. 더욱이 새로운 물건은 실물을 전시해 두면 손으로 만져 볼 수 있어 현실을 실감할 수 있습니다.

증거 ③ 실제 사례

여러분과 대화를 나누었던 사람들의 목록을 갖고 계십니까? 물론 때에 따라서는 상대방에게 그 목록을 전부 공개하지 못할 수도 있습니다. 그런데 상대방이 "저 이외의 어떤 사람들이 이 이야기를 듣고, 공감하였나요?"라고 질문했을 때에는 이 목록이 큰 힘이 되어줍니다.

도움을 받고, 공감한 사람들이 많이 있다는 사실에 여러분이 소개하고 제안하는 것을 더욱 신뢰하게 되지요. **실제 사례를 들어 이야기하면 설득력은 매우 커집니다.**

증거 ④ 사진

사진도 중요한 증거입니다. 디지털카메라로 찍어 저장해 두었다가 PC로 보여줄 수 있습니다. 특히, 미용이나 패션 회사는 모델을 아름답게 꾸미는데, 꾸미기 전 사진과 꾸민 후 사진을 한 번에 비교해 볼 수 있어 장점을 강조하는 데 효율적입니다. 디지털미디어의 발달로 요즈음은

PC나 모바일기기를 통해 동영상으로 보여줄 수 있습니다. **대화하면서 보여준다면 사진도 큰 무기가 될 수 있습니다.**

증거 ⑤ 일러스트

기계의 내부구조 등 세밀한 부분은 사진으로 보면 오히려 알기 어려울 수 있습니다. 그럴 경우에는 단순화시킨 일러스트, 도해가 오히려 알기 쉽게 보여줄 수 있습니다. **말로 표현하고 설득하기 어려운 것도 일러스트나 도해라면 간단하게 전달할 수 있습니다.**

증거 ⑥ 잡지기사

사람들은 학회 잡지나 소형책자 형태로 제작된 **안내문을 신뢰합니다.** 대화할 주제와 관련하여 기사화된 것이 있다면 준비하여 상대방에게 보여주세요.

증거 ⑦ 보증서

입으로만 말할 것이 아니라 보증서가 있다면 즉시 보여줄 수 있도록 항상 준비해 두기 바랍니다. **보증서를 보여주면 상대방은 더 안심하게 되고, 설득하기도 쉬워집니다.**

증거 ⑧ 숫자

설득력이 있는 사람의 이야기에는 반드시 숫자가 들어 있습니다. '많이', '엄청' 같이 추상적인 말을 하지 않고, 숫자를 사용해 이야기하는 것을 철칙으로 생각합니다. 다만 너무 많이 사용하지 말고 그래프로 만들어 '보여 주는' 것으로 하기 바랍니다.

증거 ⑨ 다른 사람과 비교

가장 믿음을 줄 수 있는 근거로는 비교하기가 있습니다. 영업이나 마케팅 중이라면 '상품 비교하기'를 할 수 있겠지요. **상품은 비교 자료를 내놓아야 비로소 그 가치가 전달되기도 합니다.**

다른 사람, 다른 상품에 대한 연구를 게을리해서는 안 됩니다.

아홉 가지 증거

1. 제3자의 증언
2. 시각자료
3. 실제 사례
4. 사진
5. 일러스트
6. 잡지기사
7. 보증서
8. 숫자
9. 다른 사람과 비교

대화에 설득력을 높이기 위해
신뢰를 얻을 수 있는 증거를 준비한다

5-5 '시각'에 호소하는 프레젠테이션으로 설득력을 높인다

앞서 증거를 보여주는 것으로 대화에 설득력을 높이는 전략을 설명하였습니다. 여기서는 '시각'에 호소하는 것의 중요성과 '보여줄 때의 주의사항'에 대해 설명하겠습니다.

어느 상품을 프레젠테이션할 때 말로만 설명한다고 가정해 보세요. 이때 여러분이 일방적으로 이야기하면 상대방은 집중력이 떨어집니다. 몸은 그 자리에 있지만, 머릿속은 "오늘 저녁 식사는 무엇을 먹을까?"같은 엉뚱한 생각을 하는 거지요.

이것을 방지하기 위해서 "○○ 씨, 잠깐 이것을 봐주시겠습니까?"라고 하면서 대화 중간에 사진, 그래프 등 관련 도표를 보여줍니다. 그렇게 하면 상대방의 주의를 끌 수 있습니다. 이때 보여주는 자료로는 앞서 소개한 증거물이 좋습니다.

사람의 오감에 의한 정보수집 가운데 83%는 시각에 의한 것입니다. 즉 정보의 대부분을 눈으로부터 얻고 있는 것이지요. 그러므로 설득과 공감을 위해 상대방의 귀뿐만 아니라 눈에도 호소해야 합니다.

미국의 미네소타대학 조사의 결과에 따르면 **증거물을 시각 자료로 보여주면서 이야기하면, 설득력이 43% 높아진다고 합니다.**

시각에 호소한다

보여주는 것의 이점

대화하면서 사진이나 그래프를 보여준다

고객의 주의를 끌 수 있다

이쪽을
봐 주시겠습니까?

증거물을 보여주면서 이야기하면
설득력이 43% 높아진다구!

5-6 '설득력'이 있는 이야기의 흐름 '화술 버거'

아무리 열의를 가지고 상대방에게 프레젠테이션하더라도 좀처럼 설득하고 공감을 얻기 어렵다고 하소연하는 사람이 많습니다. 그런데 그 고민을 해결하는 방법은 오히려 간단합니다. 바로 여러분이 하는 말에 설득력을 갖추면 되는 것이지요.

아직도 모르시겠다고요? 앞서 기술하였듯이 '상품 특징→연결어→고객의 이익→증거'의 순서로 대화를 진행합니다. 이 증거에 마음을 담아 설득력을 높이는 것입니다.

또한 '반복효과'를 높이기 위해 마치 다짐을 받듯이 '이익질문'을 추가하는 것입니다. '중요한 점은 반복하라'는 설득과 공감에 성공하는 대화의 철칙입니다. 여기에서 '중요한 점'이란 상대방이 얻게 될 이익입니다. 사람은 자신이 얻게 될 이익에 가장 큰 관심을 둡니다.

의자를 예로 들어 성공하는 대화의 순서를 정리해 보겠습니다.

성공하는 대화의 순서

1 상품 특징

"이 의자는 철제제품입니다."

2 연결어

"그러므로"

3 고객의 이익

"튼튼하고 오래 쓸 수 있어서 경제적입니다."

4 증거

"이 사진을 봐 주시겠습니까?"

5 이익질문

"역시 튼튼하고 오래 쓸 수 있어서
경제적인 편이 좋지 않겠습니까?"

1. 상품 특징

"이 의자는 철제제품입니다."

2. 연결어

"그러므로"

3. 고객의 이익

"튼튼하고 오래 쓸 수 있어서 경제적입니다."

4. 증거

"이 사진을 봐 주시겠습니까?"

5. 이익질문

"역시 튼튼하고 오래 쓸 수 있어서 경제적인 편이 좋지 않겠습니까?"

이 다섯 단계의 성공하는 대화를 '화술 버거'라는 별칭으로 부릅니다.

오른쪽 햄버거 그림을 봐주세요. 가장 아래쪽에 빵이 있고, 그 위에 양상추와 고기를 올려놓았습니다. 그 위에 다시 빵이 있고, 마지막으로 장식꽂이가 꽂혀 있습니다.

쉽게 기억할 수 있도록 ① 특징의 빵 ② 연결어의 양상추 ③ 이익의 고기 ④ 증거의 빵 ⑤ 이익질문의 장식꽂이 순서로 외워 주세요. 여러분이 햄버거를 볼 때마다 떠오를 것입니다.

하나 더, 이익질문인 장식꽂이는 이익인 고기 부분까지 꽂혀 있으므로 상대방의 이익을 반복한다는 의미를 담고 있습니다.

화술 버거

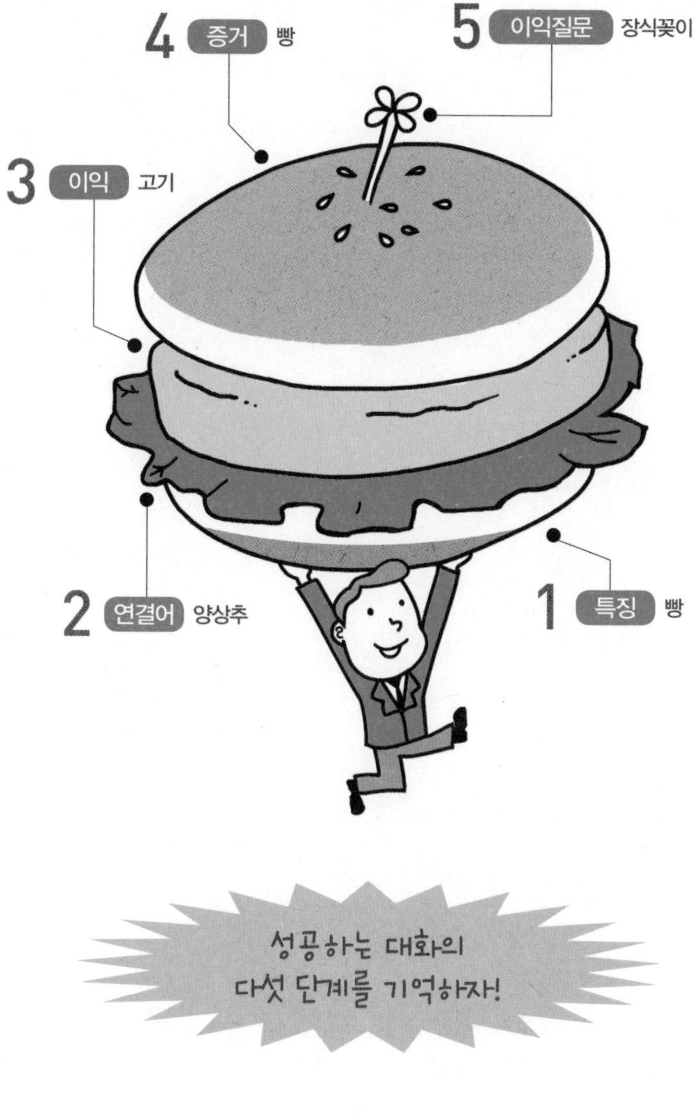

4 증거 빵
5 이익질문 장식꽂이
3 이익 고기
2 연결어 양상추
1 특징 빵
성공하는 대화의
다섯 단계를 기억하자!

실패는 낙담의 원인이 아니라 신선한 자극이다.

_토머스 사우전

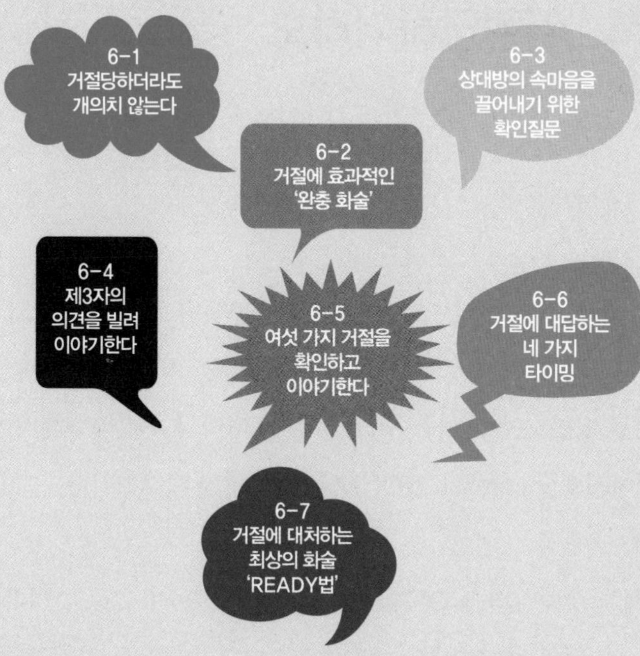
6-1
거절당하더라도
개의치 않는다
6-2
거절에 효과적인
'완충 화술'
6-3
상대방의 속마음을
끌어내기 위한
확인질문
6-4
제3자의
의견을 빌려
이야기한다
6-5
여섯 가지 거절을
확인하고
이야기한다
6-6
거절에 대답하는
네 가지
타이밍
6-7
거절에 대처하는
최상의 화술
'READY법'

제6장

위기를 기회로!
반드시 알아둬야 할
'거절처리 화술'

6-1 거절당하더라도 개의치 않는다

상대방이 "NO!"라고 하는 것은 사람의 행동패턴에서 보면 당연합니다. 사람은 곧잘 사물을 부정적으로 생각하지요. 그러므로 거절당했다고 해서 너무 걱정하지 마세요. 거절은 항상 따라다니니 익숙해져야 합니다. 기억하세요! 상대방의 "NO!"는 끝이 아니라 시작입니다.

이 장에서는 상대방의 "NO!"에 대처하기 위한 화술을 소개합니다. 예를 들어 영업과 마케팅에는 다음의 3대 거절이 있다고 합니다.

1. 비싸다
2. 필요 없다
3. 상품이 마음에 들지 않는다

미국 금융업계의 '과학적 마케팅기법의 원조'이자 신적인 존재로 칭송받는 프랭크 베트거(Frank Bettger, 1890~1981)는 다음과 같은 말을 했습니다.

"고객의 거절의 62%는 가짜 거절이다. 진짜 거절은 38%에 지나지 않는다."

예를 들어 유아용 상품을 설명하는 세일즈맨에게 "우리 집에는 아이가 없어요."라고 대답하는 것은 상대방에게 정말 자녀가 없어서 하는 거절인 진짜 거절이기보다는 실제로 자녀가 있는 경우가 더 많은 가짜 거절이라고 합니다.

이처럼 "NO!"라고 거절당했다고 해서 "예, 알겠습니다."라고 포기하고 곧바로 물러나지 마세요.

가장 좋은 것은 **미리 거절에 대한 예상 질의응답을 준비해서 상대방이 거절하면 곧바로 대답할 수 있도록 연습해 두는 것입니다.** 예상 질의응답으로 충분히 연습하면 거절에 자신감을 가질 수 있고, 안심하고 상대방을 설득하는 대화를 시작할 수 있습니다.

그리고 상대방이 반론이나 거절을 하기 전에 자기가 먼저 설명을 마무리하는 것입니다.

"이렇게 말씀드리면 좀 비싸다고 생각하실지도 모르겠습니다. 사실은 비싼 이유가 있습니다. 그것은 바로 ……."

"어쩌면 ○○ 씨에게는 필요 없다고 생각하실 수도 있습니다. 사실은 □□사의 △△ 씨도 그렇게 말씀하셨지만, 지금은 제 설명에 충분히 공감하고 편리하다고 말씀하십니다. 왜냐하면 ……."

이런 식으로 **대화하는 중간에 상대방이 할 것 같은 질문에 대답하듯이 포함하여 설명하는 것입니다.**

사람은 사물에 부정적으로 반응하는 경우가 많다고 하였지요. 여러분에게 연락이 없으면 “잘하고 있는 걸까?”라고 궁금해하기보다는 “무슨 문제가 생기지 않았을까?”라고 걱정하는 일이 많습니다.

가까운 예로 아내에게 “이번 주말에 등산 다녀올까요?”라고 물어보면 “그래요. 좋아요!”라는 대답보다는 “이렇게 더운 날씨에 무슨 등산이에요!”라는 “NO!”가 대답으로 더 많이 돌아옵니다.

자녀의 귀가가 늦어지면 “무슨 일이라도 있는 걸까?”라고 역시 불안해하고 부정적으로 생각하는 부모가 많을 것입니다. 걱정하는 중에 집에 돌아온 자녀에게 걱정했다는 말보다 “너무 늦는 게 아니니? 일찍 다니거라!”라고 언성을 높이는 일이 많을 것입니다.

더는 “NO!”라는 대답에 상처받지 마세요. 이제부터 상대방의 **“NO!”라는 거절은 흔한 ‘인사’**라고 생각하고, 거절처리 화술을 활용해 극복하세요.

상대방의 "NO!"에 준비한다

1 거절에 대한
예상 질의응답을 준비한다

2 상대방이 반론이나 거절을 하기 전에
상대방이 궁금해할 정보를 미리 설명한다

"NO!"라는 대답을 들어도
신경 쓰지 않는다

6-2 거절에 효과적인 '완충 화술'

상대방의 거절에 가장 효과적인 대응법에는 어떤 것이 있을까요?

상대방의 거절에 대한 가장 좋은 대응은 찬성하기입니다. 여러분의 의견을 강력하게 보여주기 위해 재반론하는 것이 아닙니다. 상대방의 의견에 찬성하여 '맞습니다'라는 태도를 보여주고, 상대방의 의견을 존중하고 있다고 느끼도록 해야 합니다.

"잠깐, 귀사의 상품은 좀 비싸네요!"라는 말에 "그럴 리가 없습니다!"라고 반박하면 상대방의 감정을 상하게 해 좋은 결과를 얻을 수 없지요.

"네, 저도 그렇게 생각합니다. 이전 상품보다 약 10% 정도 비싸졌습니다. 하지만 비싸진 만큼 오래 사용할 수 있습니다. 두 배 이상이나 오래 쓸 수 있기 때문에 훨씬 득이 되는 것이지요."라고 경제성을 강조하면, 입씨름하는 것보다 훨씬 더 설득과 공감 가능성이 높아질 것입니다.

색깔의 경우는 어떨까요?

"이 색은 매우 화려하군요!"라고 상대방이 말하면 어떻게 대답하시겠습니까?

"그렇지 않습니다. 오히려 심심할 정도입니다."라고 무작정 반론하지 마세요.

"그렇지요? 예리하시군요. 저도 처음에는 그렇게 생각했습니다. 사실은 밤에 어두워도 잘 보이게 하기 위한 목적으로 일부러 밝고 화려하게 한 것입니다. 밤에 사용하는 분들이 많기 때문이지요."

완충 화술이란?

상대방의 거절을 인정하고 동의하는 대화법

귀사 상품은 조금 비싸군요!
그렇죠? 저도 그렇게 생각합니다.

상대방의 거절에 가장 좋은 대응은 찬성하기이다

이렇게 모든 의견에 긍정하듯이 반응하는 것입니다. 이 '완충 화술'로 상대방의 거절을 인정하고 동의하는 대화를 추천합니다. 도자기를 상자에 넣어 포장할 때를 가정해 볼게요. 상자에 도자기만 넣으면 외부충격을 받아 깨지기 쉽습니다. 그래서 외부충격으로부터 깨지지 않도록 보호하기 위해 충격을 흡수할 스티로폼이나 뽁뽁이 같은 완충재를 함께 넣지요.

'완충 화술'은 설득과 공감이라는 도자기를 거절이라는 외부충격으로부터 보호하는 역할을 합니다.

다음으로 대표적인 일곱 가지 완충 화술을 소개합니다. 실전에서 거절당했을 때 사용해 보세요.

1. 과연 날카로운 지적이십니다
2. 처음에는 다들 그렇게 말씀하십니다
3. 역시 저도 그 점이 중요하다고 생각합니다
4. 정말로 그렇군요!
5. 그렇게 생각하시는 것이 일반적입니다
6. 그렇지요? 저도 전적으로 동의합니다
7. 역시 그 점이 중요한 것이 맞지요?

일곱 가지 완충 화술

1. 과연 날카로운 지적이십니다

2. 처음에는 다들 그렇게 말씀하십니다

3. 역시 저도 그 점이 중요하다고 생각합니다

4. 정말로 그렇군요!

5. 그렇게 생각하시는 것이 일반적입니다

6. 그렇지요? 저도 전적으로 동의합니다

7. 역시 그 점이 중요한 것이 맞지요?

6-3 상대방의 속마음을 끌어내기 위한 확인질문

상대방을 설득하려면 그의 속마음을 아는 것은 필수입니다.

속마음이란 '거절하고 싶은데 돈이 없다고는 말하고 싶지 않아. 좋아! 색깔이 마음에 들지 않는다고 하자.'처럼 사실을 감추고 핑계를 대는 것이라고 할 수 있습니다. 이때 '색깔'에 대해 아무리 최선을 다해 설득하기 위한 설명을 해도 상대방은 구매할 생각이 없습니다.

상대방이 반론이나 거절을 말하면 "아무래도 이상한데!", "정말일까?"라고 의심이 든다거나 사실은 다른 것을 생각하고 있는지 아닌지 속마음을 알고 싶을 때에 효과적인 화술이 있습니다.

가장 좋은 것은 '만약에'를 사용하여 확인질문하기입니다.

"납품일이 늦어서 당신 회사 것은 안됩니다."라는 거절이 있다고 가정해 보겠습니다. 물론 "그럴 리가 없습니다."라는 식으로는 반론하지 말고, 한 번 완충재로 흡수해야 합니다.

"그렇게 말씀하시는 분들도 계십니다. 분명 20일은 좀 길 수도 있겠습니다. 그런데 만약에 그 납품일 관련 문제만 해결해 드리면 구매하시겠습니까?" 이런 식으로 '만약에'를 사용해 확인질문을 하면서 이야기를 진행합니다.

상대방의 걱정이 정말로 납품일이 문제였다면 “글쎄요. 그 점이 해결된다면 괜찮겠습니다만 …….”이라고 “YES!”의 대답이 되돌아올 것입니다.

확인질문

‘만약에’나 ‘그밖에’를 사용해 질문하고 상대방의 의견을 확인하는 화법

장 점

결정권자 / 결정 과정 → 모두 알 수 있다

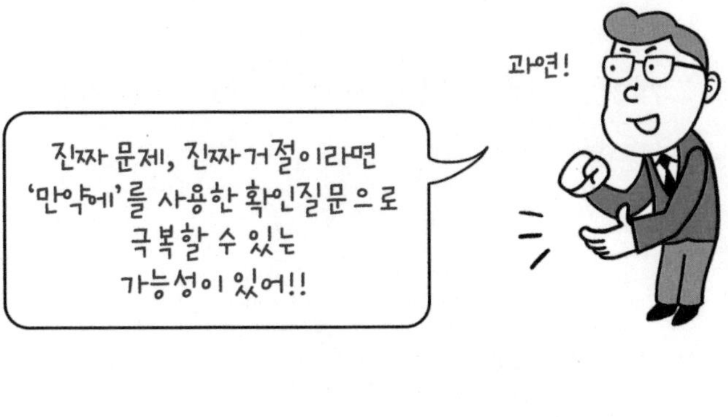

과연!
진짜 문제, 진짜 거절이라면 ‘만약에’를 사용한 확인질문으로 극복할 수 있는 가능성이 있어!!

진짜 문제, 진짜 거절이었다면 이 '만약에'를 사용한 확인질문을 통해 극복할 가능성이 있습니다. 그것이 본심이 아닐 경우에는 다음과 같이 핑계처럼 말할 수도 있습니다.

"그런데 만약에 그 납품일 관련 문제만 해결해 드리면 구매하시겠습니까?"라는 질문에 대해 "아닙니다. 납품일뿐만 아니라 …….."라는 식으로 이야기하는 사람도 있을 것입니다. 그런 경우 거의 속마음은 따로 있는 것이지요.

이때 사용하는 것이 '그밖에(달리)'를 이용한 질문입니다.

"그렇다면 그밖에 다른 문제가 있습니까?"라고 질문해 보세요. 그러면 다음과 같은 대답이 돌아올 것입니다.

"음, 납품일뿐만 아니라 저 혼자 의견만으로는 결정할 수 없어서요."

그러면 여러분은 "이 사람한테는 권한이 없다."라는 사실을 알게 되지요.

상사가 결정하거나 회의를 거쳐 결정할 수 있으므로 질문을 통해 결정 과정은 어떻게 되는지, 진짜 결정권자는 누구인지와 같은 정보를 수집하기 바랍니다.

'만약에', '그밖에'를 이용한 질문을 통해 설득에 성공할 가능성이 매우 높아진다는 것을 알 수 있습니다.

확인질문 화술 사례

납품일이 늦어서
당신 회사 것은 안 됩니다!
그렇게 말씀하시는 분들도 계십니다.
분명 20일은 좀 길 수도 있겠습니다.
그런데 **만약에** 그 납품일 관련 문제만 해결해 드리면
구매하시겠습니까?

'만약에', '그밖에'를 이용한 질문을 통해
설득에 성공할 가능성이 매우 높아진다

6-4 제3자의 의견을 빌려 이야기한다

거절을 완충 화술로 받아들인 다음 대화 중에 상대방에게 '잘 진행되었던 사례'나 '성공 사례'를 이야기로 들려줘 설득력을 높입니다.

"조금 비싸군요!"라는 반론에 "그 점을 중요하게 생각하시는군요. 사실은 ○○회사도 같은 말씀을 하셨습니다. 하지만 지금은 30세트나 구매하셨지요. 그 이유는 ……." 이런 식으로 **동의하고 난 다음 그 단점에도 불구하고 다른 사람이 사용하는 이유를 들려줍니다.**

또한, 반론에 대답하는 방법으로 '제3자의 사례를 든다'는 방법이 있습니다.

특히 상대방과의 의견이 다를 때 **제3자를 개입시키면 상대방에게 상처를 주지 않고 설득과 공감의 대화를 진행할 수 있습니다.**

"데스크톱으로 충분하지 않나요?"

"○○회사는 한 사람당 한 대의 노트북 제공을 방침으로 결정하셨습니다. 마찬가지로 데스크톱으로 할지 노트북으로 할지 오래 고민한 다음 내린 결정이었다고 합니다. 어떻습니까?"

설득이나 공감을 요청하는 사람의 의견이라면 의심받을 수 있는데 이때 제3자의 의견을 빌려 대화하는 것이 효과가 좋습니다.

'잘 진행된 사례'나 '성공 사례'를
이야기에 담아
상대방에게 설득력을 높여 간다

장 점

상대방과의 의견이 다를 경우에
상대방에게 상처를 주지 않고
이야기를 진행할 수 있다

여러분의 의견이라고
의심받을 수 있을 때에
효과적이지!

6-5 여섯 가지 거절을 확인하고 이야기한다

사람의 행동패턴이 일단 "NO!"라고 말하는 가짜 거절 같아 보여도 실제로 전혀 가망이 없는 진짜 거절일 수도 있습니다. 그것을 정확히 확인하지 않으면 설득, 공감 가능성이 전혀 없는 상대에게 쓸데없이 시간만 빼앗기게 됩니다. 귀중한 시간이니 효율적이지 못하지요.

그래서 우선 상대방 거절이 어떤 거절인지를 제대로 파악하는 화술이 필요합니다. 설득과 공감 가능성이 있는 상대인지 아닌지 확인하는 방법을 익혀두세요.

거절을 다음의 여섯 가지로 분류할 수 있습니다.

1. 이유 없는 거절
2. 불명확한 거절
3. 숨겨진 거절
4. 가망 없는 거절
5. 뒤로 미루기 위한 거절
6. 순수한 거절

④ 가망 없는 거절과 ⑥ 순수한 거절을 제외한 네 가지 거절은 이 장에서 소개하는 화술을 이용해 대처하세요.

다음 소개하는 사례를 잘 기억하여 실전에서 만나게 될 거절에 활용하세요.

① 이유 없는 거절

오해로 인한 거절이거나 일부러 짓궂게 장난치는 거절입니다.

"당신 회사가 곧 도산할 것 같아서 못 믿겠네요!"

이러한 말에 대해서는 곧바로 그렇지 않다는 것을 확실하게 말해 둬야 합니다. 단호하게 "그럴 일은 절대 없습니다!"라고 설명해 여러분의 자신감을 보여주는 이야기를 하세요.

② 불명확한 거절

상대방에게 사전 지식이 없을 때에 발생하는 거절입니다.

"P사 제품은 잘 부서진다고 친구가 그러던데요!"

"지난번에 분명 신문에도 나왔던 것 같고 ……."

이때에는 상대방의 자존심을 지켜주면서, 올바르고 정확한 지식을 설명하는 이야기를 하세요.

③ 숨겨진 거절

돈이 없는 것을 알리고 싶지 않아서 디자인이 좋지 않다고 하는 것처럼 속마음을 숨기는 거절입니다.

앞서 설명한 '만약에'를 이용한 확인질문과 '그밖에'를 이용한 질문으로 대응하세요.

④ 가망 없는 거절

"우리 회사는 아무도 면허가 없습니다!"라고 말하는 사람에게 자동차 구매를 설득한다고 가정해 보세요.

이때에는 대화를 중단하고 다른 회사를 찾거나 구매 가능한 사람을 소개를 받아야 합니다. 또 상대방이 '사지 않는다'는 사실을 알게 되더라도 성실하게 대응하세요. 여러분은 회사의 얼굴이며, 비록 지금은 거절하지만 상대방은 언젠가 구매자가 될 수 있습니다.

⑤ 뒤로 미루기 위한 거절

결정을 망설이고 있는 것처럼 시간을 벌기 위한 거절입니다.

상대방의 속마음을 알아내 안심할 수 있을 때까지 설명을 반복하세요. 여러분의 끈기, 열의가 성공으로 가는 길을 열어줄 것입니다.

⑥ 순수한 거절

실제로 예산이 없을 때에 "예산이 ㅇㅇ만 원밖에 없습니다."라든지 축구화를 소개하러 갔는데 "우리는 피아노가 필요하다."라고 하는 상황은 흥정이 없는 순수한 거절입니다.

상대방의 거절을 확실히 파악해서 극복할 수 있는 거절인지, 아니면 극복할 수 없는 거절인지 이른 단계에 판단할 수 있도록 하세요. 이른 단계에서 확인하면 곧바로 대응할 수 있기 때문입니다.

여섯 가지 거절

1. 이유 없는 거절
2. 불명확한 거절
3. 숨겨진 거절
4. 가망 없는 거절
5. 뒤로 미루기 위한 거절
6. 순수한 거절

전혀 가망이 없는 "NO!"를 확인하지 못하면
귀중한 시간만 빼앗긴다

6-6 거절에 대답하는 네 가지 타이밍

상대방의 거절에 언제 대답을 하는 것이 좋을까요? 적절한 때에 거절에 대답하지 못하면 설득과 공감에 실패합니다.

거절에 대답하는 타이밍은 다음의 네 가지입니다.

① 미리 대답한다

상대방이 거절하기 전에 대답하는 것이지요. 상대방의 입장이 되어 보거나 대화하다 보면 예측 가능한 거절이 있습니다. 예상 질의응답을 준비해서 거절을 막으세요.

"크기가 너무 큽니다!"라는 거절이 예상되면 "○○ 씨, 제품을 열어 보기 전에 크기에 대해 설명해 드리겠습니다. 이 제품은 타사 제품보다 조금 크게 만들어져 있는데요. 여기에는 다음과 같은 이유가 있습니다."라면서 특징의 이점을 설명하여 거절을 막고 대화를 계속 이어갑니다. 그렇게 되면 나중에 거절질문이 나올 걱정이 사라집니다.

② 즉시 대답한다

열띤 대화 중에 상대방이 거절하면 그 자리에서 즉시 대답하는 것이 일반적이며 가장 많습니다.

"좋은 것은 알겠지만 지금 당장 필요하지는 않을 것 같네요!"라고 거절할 때에는 우선 완충 화술로 "그렇지요? 다른 분들도 처음에는 그렇게 말씀하셨습니다!"라고 대답하고는 지금 구매하면 이익이 되는 이유와 실제 이익을 얻은 사례를 설명합니다.

거절에 대답하는 네 가지 타이밍

1 미리 대답한다
상대방이 거절하기 전에 대답한다
사전에 설명하고 나서 대화를 시작한다
2 즉시 대답한다
대화 중에 거절하면 그 자리에서 대답한다

③ 다음 기회에 대답한다

거절과 질문에 대한 답을 잘 모를 경우, 자료가 필요하면 다음 기회에 대답하세요. 생각나는 대로 적당하게 얼버무리듯 대답하고 그 자리를 벗어나려고 해서는 안 됩니다.

"물어보신 건에 대해서는 지금 자료를 갖고 있지 않기 때문에 회사에 돌아가서 메일로 보내드리겠습니다!"와 같이 대답하면 좋습니다.

④ 대답하지 않는다

모든 대화 상대가 여러분의 이야기를 진지하게 듣는 것은 아닙니다. 설명했는데도 불구하고 같은 질문을 반복해 오는 경우도 있지요.

여러 번 열심히 설명하고 강조했음에도 "납품일이 늦어서 당신 회사 것은 안됩니다!"라고 같은 거절을 한다면, "그 문제에 대해서는 몇 번이고 설명해 드렸듯이 이렇게 해결할 수 있으므로 전혀 문제가 없습니다." 라고 정확하게 단호히 대답하기 바랍니다.

여러 번 대답한 질문을 다시 하는 상대방이라면 대화에 집중하지 못하고 버릇처럼 하는 거절이거나 가짜 거절일 가능성이 높습니다.

거절에 대답하는 네 가지 타이밍

③ 다음 기회에 대답한다

질문에 대한 답을 알 수 없을 때,
자료가 필요한 때에는 다음 기회에 대답한다

④ 대답하지 않는다

설명하고 강조했음에도 같은 거절을
할 경우에는 “앞서 설명해 드렸듯이 전혀 문제
없습니다!”라고 정확하게 단호히 대답한다

6-7 거절에 대처하는 최상의 화술 'READY법'

거절에 대답하기 위해서는 질문만으로는 충분하지 않습니다. 또 다른 대응 방법, 즉 플랜 B를 마련해 두어야 합니다.

이 대응 방법을 'READY법'이라고 하는데 실제로도 매우 유용합니다.

R = 리턴법(Return)

E = 설명법(Explain)

A = 인정법(Admit)

D = 부정법(Denial)

Y = 질문법(Ask why)

R = 리턴법(Return)

부메랑법이라는 별칭으로도 불리는 방법입니다. 상대방의 거절을 오히려 '꼭 해야만 하는 이유'로 강조하는 것이지요.

"귀사는 다른 곳보다 10% 비싸서 못 사겠네요."라는 거절에는 "10% 비싸서 오히려 추천해 드립니다. 처음에는 좀 비싸지만 오래 사용할 수 있어 장기적으로 볼 때 경제적으로 도움이 될 것입니다."로 대응하세요.

E = 설명법(Explain)

이것은 기본 중의 기본으로 설득과 공감의 대화를 이끄는 사람에게는 필수 화술이지요.

상대방이 "사용하기가 조금 어렵군요!"라고 말하는 것은 사용법에 대해 좀 더 알고 싶다거나 여러분의 설명이 충분하지 않았을 수 있습니다.

"자, 그럼 한 번 더 설명해 드리겠습니다. 사용방법이 다른 회사 제품보다 간단합니다. 그래서 사용하기 편하다는 평가와 함께 아주 인기가 많습니다."라고 덧붙이는 말과 함께 자세하게 그리고 정중하게 설명하세요.

A = 인정법(Admit)

여러분 의견과 반대되더라도 상대방의 주장은 모두 인정하세요. 그러고 나서 다른 이점을 강조하는 화술입니다.

"크기가 너무 큽니다!"라고 한다면, "예, 말씀하신 대로 다른 회사 것보다 크게 만들어졌습니다. 안정성과 성능 측면에서는 이 점이 중요한데 …….”라고 대답합니다.

혹은 가격, 제반 조건, 서비스와 같이 거절을 보완할 수 있는 이점을 강조하세요.

D = 부정법(Denial)

상대방의 명확한 실수나 오해는 단호하게 부정합니다.

"어차피 지금 사봐야 다음 달이면 신제품이 나올 거잖아요?"라는 거절에 그것이 명확하게 사실이 아니라면 반드시 부정해야 합니다.

"그런 사실은 전혀 없습니다! 아직 신제품 출시 계획이 없습니다."라고 밝히면 여러분에 대한 신뢰도는 높아집니다.

물론 지나치게 직설적으로 말하면 상대방도 감정적으로 반응하기 때문에 말투에는 주의를 기울여야 합니다.

Y = **질문법**(Ask why)

지금까지 살펴본 질문 화술의 하나라고 생각하면 됩니다. 구체적으로는 '질문에는 질문으로 대응한다'는 의미이지요.

"크기가 너무 큽니다!"

"그럼 어느 정도의 크기가 좋으시겠습니까?"

상대방의 속마음을 알 수 있도록 거절과 질문에 더 깊은 질문으로 대응하는 것이지요.

READY법

R = 리턴법(Return)

E = 설명법(Explain)

A = 인정법(Admit)

D = 부정법(Denial)

Y = 질문법(Ask why)

'READY법'을 충분히 숙지하여
거절에 대처한다

인생의 행복은 싸움을 하는 것이 아니라 싸움을 피하는 데 있다.
멋진 퇴각은 그 자체가 곧 승리이다.

_노먼 빈센트 필

7-1 상대방의 최종의사를 확인하는 '테스트 클로징'
7-2 '대차대조표'를 활용한 화술로 클로징한다
7-3 설득과 공감보다 중요한 후속관리
7-4 목표달성 이후 가장 중요한 여섯 가지 후속관리
7-5 "NO!"라는 말을 듣더라도 After Follow 한다!

제7장

설득과 공감을 불러일으키는 '클로징 화술'

7-1 상대방의 최종의사를 확인하는 '테스트 클로징'

여러분의 목표는 상대방의 설득과 공감을 얻는 것이지요. 여기서는 상대방의 최종의사를 확인하는 방법을 소개합니다.

설득과 공감에 성공하는 대화는 적절한 시기에 마무리하지 않으면, 아무리 오랜 시간이 지나더라도 성공으로 이어지지 않습니다.

예를 들어 구매의사가 충분한 상대방이

"납품은 언제 해 주시나요?"

"무상 애프터서비스는 몇 년이지요?"

처럼 질문을 해 오고 있고, 한 번만 더 밀어붙이면 성공할 수 있는 결정적인 순간에 화제를 바꾸는 세일즈맨이 간혹 있습니다.

이런 질문을 하는 상대방에게는 결정적인 테스트 클로징을 해야 합니다. 테스트 클로징은 다음 단계로 진행합니다.

일반적인 질문
↓
요점 질문
↓
마법의 질문

상대방의 구매의사가 어느 정도인지 질문으로 확인하는 방법입니다. 질문은 간단한 것이라도 상관없습니다.

"어떠십니까? 제 설명을 통해 이해가 되셨습니까?"

이렇게 일반적으로 묻기만 해도 됩니다.

"어떻습니까?"

"어떻게 생각하십니까?"

이렇게 물어봐도 좋고요.

설명한 다음에는 반드시 물어보기 바랍니다.

그러면 상대방은 "좋네요!"라든가 "좋습니다. 어떻게든 해 보지요!"와 같이 긍정적으로 대답해 주기도 합니다.

이때에는 절대 머뭇거리지 마세요. 성공이 바로 앞에 와 있습니다.

상대방의 대답이 명확하지 않거나 아무런 대답이 없을 때도 있지요. 이때에는 "어떠십니까?"라는 일반적인 질문보다는 구체적인 질문이 필요합니다.

예를 들어 다음과 같은 질문이 있습니다.

"어떠십니까? 이 색깔은 마음에 드십니까?"

"디자인에 대해서는 만족하셨습니까?"

"사용법은 아시겠습니까?"

이렇게 색깔, 디자인, 사용법이라고 하는 질문의 요점을 밝혀 구체적인 질문을 하세요.

대부분 이 두 가지로 최종의사를 확인할 수 있는데, 그래도 아직 확실하지 않다면 상대방의 요구나 의사를 확실히 알 수 있도록 '만약에(Ask If)'를 이용한 질문을 하세요.

'만약에'를 이용한 질문은 좀 더 구체적인 테스트 클로징이 됩니다. 이 질문법은 효과도 좋지요.

"만약에 이 프로그램을 채용하신다면, 언제쯤 몇 명이나 참가하게 되나요?"

"만약에 구매하신다면 어떤 색깔이 좋으시겠습니까?"

이와 같은 '가정'한 상황의 질문이라면 상대방도 대답하기 쉬워져 가볍게 대답해 줍니다.

"글쎄요. 가을 정도 돼야 하나?"

"아마도 25~26명 정도 될 겁니다."

"내 것이 될 거라면 역시 빨간색이죠!"

이렇게 구체적인 대답을 끌어낼 수 있습니다.

효과적으로 클로징을 해서 대화에 꼭 성공하세요.

테스트 클로징의 단계

일반적인 질문

"어떠십니까? 제 설명을 통해
이해가 되셨습니까?"

요점 질문

"사용법은
아시겠습니까?"

마법의 질문

"만약에 이 프로그램을 채용하신다면,
언제쯤 몇 명이나 참가하게 되나요?"

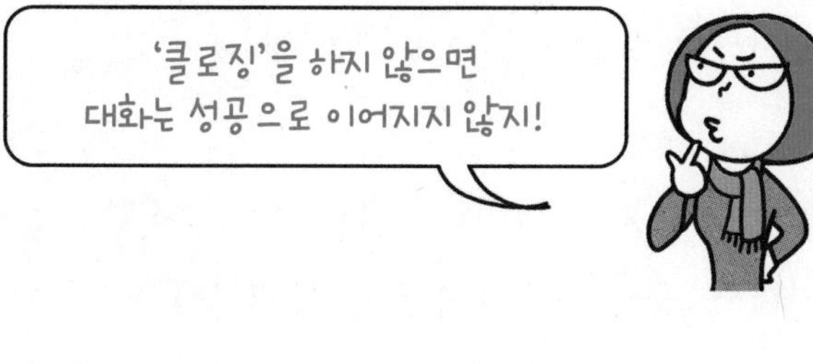
'클로징'을 하지 않으면
대화는 성공으로 이어지지 않지!

7-2 '대차대조표'를 활용한 화술로 클로징한다

사람은 부정적으로 생각한다고 여러 번 강조하였지요? 이것은 특히 고가의 물건을 구매할 때에 "정말 괜찮을까?", "정말 좋을까?"라고 의심, 걱정하는 심리와 겹칩니다. 사람이라면 손해를 보는 것을 원하지 않지요.

수천만 원짜리 차를 사는데 그 자리에서 결정하는 사람은 거의 없겠지요. "정말로 이 차가 괜찮을까?", "다른 차종이 유용할까?", "지급 방법은 문제없나?"라고 다양하게 확인할 것입니다.

이때 **상대방의 '망설임'을 이용하세요. 상대방의 걱정, 망설임을 해소해 주면, 성공에 더욱 가까워집니다.**

상대방은 마지막까지 "어쩌면 사지 않아도 괜찮은 게 아닐까?", "이것 말고 좀 더 좋은 상품이 있지 않을까?", "이 상품을 사서 손해 보는 건 아닐까?"를 고민하며 망설인다는 점을 기억하세요.

이런 망설임을 무시하면 상대방의 마음을 얻을 수 없습니다. 기억하기 쉽도록 대차대조표를 활용한 '대차대조표식 클로징'을 활용해 보세요.

이 방법을 이용하면 여러분은 설득과 공감을 강요하는 일방적인 입장이 아니라 상대방의 입장이 되어 함께 망설임을 해결해 갈 수 있습니다. 상대방이 되어 보면 해결법이 보이지요.

망설이고 있는 요점과 상대방이 얻게 될 이익을 눈에 보이는 형태로 만들어 비교해 보면 실질적인 장점을 알 수 있습니다. 예를 들어 세일즈 및 마케팅 상황에서 필요한 품질에 대해 호소하는 대차대조표를 한 장으로 만듭니다. 망설이는 점보다 상대방이 얻을 질이나 양적인 측면이 더 낫다는 점을 강조하세요.

대차대조표식 클로징이 효과적인 이유는 사람의 의심하는 성향 때문입니다. 여러분도 설득을 당하는 입장이 되어 본다면 이해가 쉽겠지요.

그러므로 **일부러 '부정적인 면'을 언급해 '긍정적인 면'을 강조하는 것입니다.**

부정적인 면을 인정한 다음에 그것을 해결할 수 있는 더 좋은 긍정적인 면을 강조하는 것이기 때문에 오히려 설득력은 높아집니다.

또 '부정적인 면'도 언급한다는 것은 상대방을 잘 배려하는 사람이라는 표현이기도 합니다.

이런 설명을 듣는다면 '이 사람은 정말 내 입장에서 생각하고 있구나!'라고 생각하게 될 것입니다. 상대방이 얻게 될 이익을 가능한 한 많이 기록해 "이렇게 훌륭한 점이 많이 있습니다!"라고 자신 있게 강조하세요.

사람은 자신이 이해할 수 있는 상황이 되면 마음을 엽니다. 다음과 같이 말해 보면 어떨까요?

"우리 회사 상품이 첫째 다른 회사보다 10% 정도 비싸다, 둘째 내구성 면에서 튼튼할지 의문이다 라고 말씀하셨지요?

그 점에 대해 첫째 10% 비싼 대신에 다른 회사보다 2배 정도 오래 사용할 수 있다, 둘째 애프터서비스에 온 힘을 쏟고 있다, 셋째 지급은 계약금 없이 분할납부가 가능하다, 넷째 안전성평가연구소에서 검증받은 결과표를 보내드리겠다, 다섯째 이미 3만 명 가까운 사용자가 계신다 라고 말씀드렸습니다.

어떠십니까? 제 생각에는 지금 당장 구매하시는 쪽이 훨씬 유리할 것 같습니다."

이처럼 대차대조표를 활용해 실제 대화에 능숙하게 활용하세요.

대차대조표식 클로징

상대방이 망설이는 요점	상대방이 얻을 수 있는 이익
1. ______	1. ______
2. ______	2. ______
3. ______	3. ______
4. ______	4. ______
5. ______	5. ______
6. ______	6. ______
7. ______	7. ______

대차대조표는 상대방의 망설임을
시원하게 해소해 줄 수 있다!

7-3 설득과 공감보다 중요한 후속관리

대화가 잘 진행되어 계약이 성사되었다고 하더라도 그걸로 끝이 아닙니다. 오히려 후속관리(Follow Up), 즉 상대방을 내 편으로 만든 다음이 더 중요합니다.

이제부터 상대방이 여러분과의 인연을 이어갈지 끝낼지에 대한 결정은 후속관리로 판단합니다.

영업과 마케팅을 예로 들어 보겠습니다.

단 한 번으로 끝나는 거래로 두 번 다시 인연이 없을 거라고 생각되는 경우에도 '소개하기'나 '입소문'의 힘이 있기 때문에 절대로 무시하면 안 됩니다.

후속관리는 앞에 있는 고객만을 위한 것이 아닙니다.

'가망고객의 소개'는 여러분이 그 자리에 없더라도 이미 호감을 느낀 '고객이 대신 영업' 해주는 것이지요.

마케팅에 유명한 말이 있습니다.

"만족한 고객은 가장 큰 광고매체이다."

비용이 전혀 들지 않는 광고이기 때문에 최대한 많이 활용해야 합니다.

대표적인 여섯 가지 후속관리를 소개합니다. 여러분 목표의 성패와 상관없이 반드시 실행해 보세요.

후속관리(Follow Up)를 한다

앞으로도 오랫동안 거래를 할 수 있을 것인가?

↓ **그렇지 않으면**

"이제 거기는 싫다!"라고 생각하게 할 것인가?

평가요인

장 점

- 가망고객 소개
- 만족한 고객은 가장 큰 광고매체

세일즈/마케팅에서는
판매한 다음이
더 중요!!

7-4 목표달성 이후 가장 중요한 여섯 가지 후속관리

계약 및 판매에 성공한 다음에는 반드시 후속관리를 해야 합니다. 대표적인 여섯 가지 후속관리를 소개합니다.

1. 반드시 즉시 감사의 전화를 한다

꼭 전화가 아니더라도 이메일이나 편지, 카드로 구매해 준 것에 대한 감사의 마음을 전달합니다. 단 여기에서 **중요한 점은 대화를 마친 후 틈을 두지 않는 것입니다.**

가능한 한 직접 상대방의 육성을 듣도록 해야 합니다. 목소리에는 상대방의 감정이 묻어나기 때문에 실제로 만족하고 있는지를 알 수 있지요.

그리고 한두 마디 계약과 구매에 대한 칭찬의 말을 전달합니다. 가령, "구매하시길 정말 잘하셨어요."라는 칭찬을 들으면 구매를 후회하고 있던 고객이라 하더라도 "맞아, 잘 샀어!"라고 만족할 것입니다.

2. 주문대로 배달되고 설치되었는지 확인한다

사소한 것이라도 주문한 대로 배달되지 않은 사실만으로도 불만족, 구매취소를 불러올 수 있습니다. 이를 방지하기 위한 가장 좋은 방법은 미리 막는 것이지요. '병이 되기 전에 예방한다'는 것과 마찬가지입니다.

약속한 시간에 맞춰 배달되었는지, 적절한 위치에 설치되었는지 등 사소한 것도 물어보고 의견을 잘 들어야 합니다.

만약 실수가 있었다면 곧바로 "정말 죄송합니다. 앞으로는 절대로 같은 실수가 없도록 유념하겠습니다."라고 성심성의껏 사과하세요. 실수에 대해 빠른 인정으로 호감도, 신뢰도가 높아집니다.

3. 배송 후에 약간의 시간을 두고, 고객의 사용상황이나 만족도 등을 확인한다

약간의 시간을 두고 실제로 사용하게 한 다음에 고객이 실제 느낀 점을 알아보는 것입니다.

그렇게 하면 "잘 사용하고 있다!"라든가 "이 부분은 한 번 더 설명해줬으면 좋겠다!"라는 고객의 의견을 들을 수 있습니다. 이런 정직한 후기는 앞으로의 세일즈 및 마케팅에도 도움이 됩니다. 결과적으로 고객에게도 이익이 되지요.

이것은 전화로 하든 직접 방문해서 하든 상관없습니다. 실천만 하세요.

4. 특별한 용건이 없더라도 방문하고 전화한다

용건이 있을 때에만 방문하면 뛰어난 세일즈맨이 될 수 없습니다.

물론 상품의 사용상황을 조사하는 것도 중요하지만, 사람은 만날수록 호감을 느낀다는 법칙을 활용하세요. 때때로 기분을 살피러 방문하고 전화하는 것입니다. 이것을 영어로는 'Happy Call'이라고 합니다.

여러분 생각에도 일 년에 한 번밖에 얼굴을 내밀지 않는 세일즈맨보다는 자주 얼굴을 보는 세일즈맨에게 호감을 느끼지 않을까요? 고객은 친근함을 느끼는 사람한테 상품을 구매하는 법입니다.

5. 가능한 한 새로운 가망고객을 소개받는다

자신만의 힘으로 신규개척할 수 있지만, 고객의 힘을 잘 활용하는 것도 전략입니다. 가령 5명의 고객에게 다른 고객을 소개받으면 여러분은 훨씬 적은 에너지로 5명의 '가망고객'을 얻게 되는 것입니다. 또 지인 소개는 개척방문보다 신용도가 높아서 많이 활용할 수 있어야 합니다.

6. 자사 신제품이나 다른 서비스를 판매할 기회를 찾는다

후속관리를 하면서 생기는 또 다른 이점은 자사의 신제품이나 다른 서비스를 판매할 기회가 생긴다는 점입니다.

여러분과 기존 제품에 만족하는 고객이라면 여러분이 제공하는 다른 상품이나 서비스에도 무조건 거절하지 않을 것입니다. 다만 너무 지나치지 않아야 합니다. 어디까지나 가능성이 있는지를 아는 것이 선결문제입니다.

여섯 가지 후속관리

1. 반드시 즉시 감사의 전화를 한다
2. 주문대로 배달되고 설치되었는지 확인한다
3. 배송 후에 약간의 시간을 두고, 고객의 사용상황이나 만족도 등을 확인한다
4. 특별히 용건이 없더라도 방문하고 전화한다
5. 가능한 한 새로운 가망고객을 소개받는다
6. 자사 신제품이나 다른 서비스를 판매할 기회를 찾는다

상품을 판매한 다음에는
반드시 후속관리를 실행한다!

7-5 "NO!"라는 말을 듣더라도 After Follow 한다!

대화에 실패하여 고객과 계약이 이루어지지 않았다고 가정해 보겠습니다. 그대로 물러날 건가요?

세일즈는 고객에게 "NO!"라는 말을 듣고 나서부터가 진짜 시작입니다. 그러므로 **"NO!"라는 말을 듣더라도 앞으로의 가능성을 확인하는 대화를 진행해 볼 필요가 있습니다.**

고객의 마음이 바뀔 수도 있으니까요. 고객은 변덕스럽거든요. 또한, 다른 고객을 소개받을 수도 있을 것입니다. 그러므로 대화에 실패하고, 계약이 성사되지 않더라도 예의를 표하는 것을 잊지 마세요.

계약에 실패했을 때의 신속한 After Follow가 있습니다.

그것은 '감사장 + 정보 제공'입니다. SNS가 만연하면서 직접 손으로 쓴 감사장은 상당히 가치 있는 존재가 되었습니다. 감사장을 쓰는데 글씨를 잘 쓰고 못 쓰고는 문제가 되지 않습니다. '이 사람은 내 일에 대해 진심으로 신경 써주고 있구나!'라고 고객이 느낄 수 있도록 오른쪽의 내용을 담아 메시지를 보내는 것이 매우 중요합니다.

감사장의 요점

- 시간을 할애해 준 점
- 이야기를 들어 준 점
- 관심을 가져 준 점

↓

이것들 모두에 대해 예를 표한다

+

손으로 쓴 감사장이라면
더욱더 가치가 올라간다!

영업은 고객에게
"NO!"라는 말을 듣고 나서
부터 시작되는 법이지!

시간을 할애해 준 점, 이야기를 들어 준 점, 관심을 가져 준 점에 대해 예를 표하는 것입니다. 만약 상대방이 특정 분야의 전문가를 알고 싶어 할 때 여러분이 알고 있다면 소개해 보는 것도 좋습니다. 사람을 소개하는 일, 사람을 알고 있다는 사실 자체도 훌륭한 정보입니다.

혹은 상대방 회사가 잔업에 의한 추가경비 발생이 많아 곤란한 상황이라고 가정해 보겠습니다. 여러분이 우연한 기회에 '잔업비용을 줄일 수 있는 획기적인 기법'과 같은 신문이나 잡지 기사를 발견한다면 발췌하여 상대방에게 보내주는 것도 좋습니다.

여러분이 보낸 기사가 고객이 알고 있는 내용이거나 고객에게는 해당 사항을 벗어나는 이야기라고 하더라도 "나를 위해 이 정도나 신경 써주고 있구나!"라면서 여러분에 대해 좋은 인상을 느낄 것입니다. 분명 사람은 자기를 소중히 여겨주는 타인에게 호감을 느끼니까요.

이처럼 신문이나 잡지 기사를 발췌하여 고객에게 보내는 것을 '클리핑(Clipping) 서비스'라고 합니다. 일뿐만 아니라 취미, 가족, 관심사 등 상대방에게 도움이 되는 정보를 넌지시 보내기 바랍니다. 미리 클리핑 목록을 만드는 것도 중요합니다.

클리핑(Clipping) 서비스

일

취미

가족

관심사

상대방(고객)에게 도움이 되는 정보를

신문 · 잡지

발췌하여 보낸다

사람은 자기를 소중히 여겨주는
타인에게 호감을 갖는다

한때는 불가능하다고 생각한 것이
결국에는 가능한 것이 된다.

_K. 오브라이언

부록

공감을 부르는 실전응용 Work Book 24가지

해당 부록은 책 본문을 1회 이상 정독하시고
실습해야 효과가 극대화됩니다.

1 공감 영역 만드는 방법(pp. 44~47)

상대방의 이야기를 끌어낸다

- 사전조사를 통해 알게 된 상대방 정보를 기초로 질문한다
- 고개를 끄덕이거나 맞장구치면서 열심히 상대방 이야기를 듣는다

뛰어난 세일즈맨의 실전 대화 비율

= '세상 이야기 80%, 일 이야기 20%'

※ 자기평가(Self Evaluation)는 카메라나 스마트폰으로 녹화하여 모니터링 후 잘못된 점은 고치고 숙달될 때까지 반복 연습한다.

'공감 영역'을 만들기 위한 토크 스크립트

Q1: 토요일이나 일요일같이 쉬는 날에는 어떤 일을 하면서 보내십니까?

Q2: 오늘 소개받은 ○○ 씨에게 들은 얘기인데, △△ 부장님은 골프를 치신다고요?

실전연습 스크립트 작성하기

Q1: ____________________

____

Q2: ____________________

____

Q3: ____________________

____

Q4: ____________________

____

Q5: ____________________

____

Q6: ____________________

____

2 페이싱(Pacing)

(pp. 66~71)

페이싱의 세 가지 영역: BMW

Body Language(몸짓)

Mood(성격, 분위기)

Words(말하기)

세 가지 페이싱 기법

▶ **미러링(Mirroring; 거울기법)**

'Mirror'란 거울을 가리키는 것으로 Body Language를 이용해 마치 거울에 비치고 있는 것처럼 상대방을 흉내 내는 것이다.

▶ **튜닝(Tuning; 조율하기)**

'튜닝(Tuning)'이란 방송 DJ가 분위기에 맞게 음악을 선곡하는 것처럼 상대방과 분위기를 맞춰가는 것이다. 이때 대화에서 튜닝의 대상은 희비, 밝음, 조용함과 같은 감정이나 상태로, 느낌이나 가치관, 신념, 사고 등이다.

▶ **매칭(Matching; 일치하기)**

'매칭(Matching)'은 상대방과 말하는 것을 맞춘다는 의미이다.

페이싱을 이용한 토크 스크립트

※ 페이싱의 세 가지 영역 'BMW'를 기억하면서 몸짓이나 표정도 연습해 보자.

Q1)

상대: (창밖을 내다보며) 날씨가 좋네요.

나: 네, (따라서 창밖을 내다보며) 날씨가 좋네요.

Q2)

상대: (손 부채질을 하며) 날씨가 덥네요.

나: 네, (따라서 손 부채질을 하며) 날씨가 덥네요.

실전연습 스크립트 작성하기

Q1)

상대: ____________________

나: ____________________

Q2)

상대: ____________________

나: ____________________

3 페이싱 '하나 더하기'(Pacing 'Plus One')(pp. 72~75)

페이싱/하나 더하기란?

상대방의 말에 맞춘 다음에 한마디 추가하는 것이 '하나 더하기(Plus One)'이다. 말주변이 없어서 곤란한 세일즈맨도 '하나 더하기'를 유념하고 있으면, 대화의 실마리를 찾아낼 수 있다.

대화란 캐치볼과 같아서 페이싱하고 나서 하나 더하기를 하는 방법은 대화에 탄력이 붙게 하고, 인간관계를 원활하게 하는 화술이다.

상대의 기분을 어루만져주며 동정하면서 상대방 입장에 서는 것이 대화의 기본이다!

페이싱 '하나 더하기' 예문

Q1)

상대: 좋은 아침입니다.

나: 좋은 아침입니다. 과장님!

※ 문장 끝에 상대방의 직책을 불러준다. 특히 여자들이 대화할 때 호칭을 자주 불러주는 것을 볼 수 있는데, 호칭을 자주 부르면 더 정감이 느껴진다.

Q2)

상대: 좋은 아침입니다.

나: 좋은 아침입니다. 주말 잘 보내셨죠?

※ 상대의 인사에 단답형으로 대답만 하기보다 자연스럽게 질문으로 연결하여 상대방의 이야기를 유도해 정보를 얻는다.

실전연습 스크립트 작성하기

Q1)

상대: ______________________________

나: ______________________________

Q2)

상대: ______________________________

나: ______________________________

Q3)

상대: ______________________________

나: ______________________________

4 듣기 화술
(pp. 78~89)

듣기의 다섯 가지 화술

① 고개 끄덕이기 효과

② 맞장구 효과

③ 시선 효과

④ 질문 효과: 열린(Open) 질문과 닫힌(Closed) 질문

⑤ 메모 효과

질문 효과 중 열린 질문과 닫힌 질문의 예

▶ **열린 질문**

Q1: 매출 증대를 위해 중요한 것은 무엇일까요?

Q2: 어떻게 하면 그 문제가 해결될 수 있다고 생각하십니까?

Q3: 그 사건의 원인은 무엇이라고 생각하십니까?

▶ **닫힌 질문**

Q1: 납품일은 9월이 지나야 한다고 하셨지요?

Q2: 더우시지요?

Q3: 영국의 수도는 어디지요?

열린 질문과 닫힌 질문을 응용하여 실전 스크립트 작성하기

▶ 열린 질문

Q1: ______________________________

____

Q2: ______________________________

____

Q3: ______________________________

____

▶ 닫힌 질문

Q1: ______________________________

____

Q2: ______________________________

____

Q3: ______________________________

____

5 백트래킹
(Back Tracking; 말맞추기)(pp. 90~91)

백트래킹이란?

이것은 상대방의 이야기를 반복해서 따라 하는 것이다. 백트래킹을 하면 그동안 나눈 이야기를 확인할 수 있고, 화제가 단절되는 것을 예방할 수 있다. 그리고 무엇보다 상대방에게 "제대로 듣고 있구나!", "머리가 좋은 사람이군!", "세심한 사람이네!" 같은 좋은 인상을 심어줄 수 있다.

반드시 습관으로 익숙해져야 하는 화술이다.

백트래킹을 이용한 예문

Q: 오늘은 여러 가지로 감사드립니다. 하신 말씀을 한 번 정리해 보면, △△님이 말씀하고자 하는 것은 세 가지로 요약할 수 있겠습니다. 첫 번째가 ○○, 두 번째가 □□, 그리고 세 번째가 ◇◇이지 않나요? 또 다른 것은 없으십니까?

실전연습 스크립트 작성하기

Q1: ____________________

____

Q2: ____________________

____

Q3: ____________________

____

Q4: ____________________

____

Q5: ____________________

____

Q6: ____________________

____

6 대화가 부드럽게 진행되는 'Yes • Taking법'(pp. 98~101)

Yes • Taking법이란?

무슨 이야기를 하면 좋을지 망설여질 때 상대방이 "Yes!"라고 대답할 수 있는 질문을 반복하면 부드러운 대화가 가능하다.

이 방법의 중요한 점은 상대방이 명백하게 "예!"라고 대답할 수 있는 질문을 하는 것이다. 이때 상대방과 자기의 '공통점'을 찾거나 상대방과 리듬을 맞춰갈 수 있다.

Yes • Taking법으로 상대방과의 대화가 부드러워지고, 결과적으로 상담이 수월해진다.

Yes • Taking을 이용한 예

나: 오늘이 2월 13일이지요?

상대: 예, 그렇습니다.

나: 내일은 밸런타인데이네요?

상대: 그렇군요!

실전연습 스크립트 작성하기

나: ______________________________

상대: ______________________________

나: ______________________________

상대: ______________________________

나: ______________________________

상대: ______________________________

나: ______________________________

상대: ______________________________

나: ______________________________

상대: ______________________________

나: ______________________________

상대: ______________________________

7 사람에 대한 질문(pp. 102~103)

사람에 대한 질문이란?

사람에 대한 질문은 상대방의 성격이나 인간성에 대해서 파악하거나, 개인사와 관련된 정보를 알아내 친해지기 위해 활용한다.

사람에 대한 질문의 예

Q1: 사시는 곳은 어디입니까?

Q2: 가족은 몇 분이나 되시나요?

Q3: ○○ 씨는 상당히 꼼꼼하신 것 같은데, 역시 계획적으로 행동하는 유형이신가요?

Q4: 그렇다면 △△ 부장님의 승인만 있으면 되는 거네요?

Q5: 실제로는 사모님이 결정권을 갖고 계시군요?

실전연습 스크립트 작성하기

Q1: ______________________________

____

Q2: ______________________________

____

Q3: ______________________________

____

Q4: ______________________________

____

Q5: ______________________________

____

Q6: ______________________________

____

8 현상에 대한 질문(pp. 103~104)

현상에 대한 질문이란?

현상에 대한 질문은 상대방의 상태, 지금 처한 상황이나 겪고 있는 문제를 알기 위한 질문이다. 손자병법의 '지피지기 백전불태'라는 말처럼 상대방 상황을 아는 것은 설득과 공감에 성공하는 대화의 토대이자 기본 중의 기본이다.

현상에 대한 질문의 예

Q1: 어떤 일을 하고 계십니까?

Q2: PC는 몇 대 있습니까?

Q3: 홈페이지는 어떻게 활용하고 있습니까?

실전연습 스크립트 작성하기

Q1: ______________________________

Q2: ______________________________

Q3: ______________________________

9 문제에 대한 질문(pp. 104~105)

문제에 대한 질문이란?

문제에 대한 질문은 상대방의 과거부터 현재까지의 문제 또는 장래의 희망사항을 듣기 위한 질문이다.

문제에 대한 질문의 예

Q1: 홈페이지를 앞으로 어떻게 활용하실 예정이십니까?

Q2: 이 예산 범위라면 어떤 문제가 발생합니까?

Q3: PC가 3대라면 조금 적은 듯한 느낌이 드는데, 불편한 점은 없습니까?

Q4: 지금 사용하고 있는 PC로는 어떤 불편한 점이 있습니까?

Q5: 지금까지는 관리할 수 없다고 말씀하시는 거지요?

실전연습 스크립트 작성하기

Q1: ______________________________

Q2: ______________________________

Q3: ______________________________

10 질문 화술 ①
'만약에 ~ 라면'(pp. 106~107)

'만약에 ~ 라면' 형태의 질문이란?

성공적인 대화를 위한 질문 '만약에 ~라면'은 'ASK IF 질문법'이라고도 한다. '만약에 ~라면'의 질문 형태로 상대방은 구체적으로 쉽게 이미지를 떠올릴 수 있다. 또한 '만약에'라고 하는 가정의 이야기이기 때문에 고객도 대답하기가 쉽다.

'만약에'라는 우회적 질문으로 구체적인 정보를 얻을 수 있다. 하지만 익숙한 최종결정권자라면 복수의 견적을 요구하는 경우도 있기 때문에 세일즈맨은 반드시 주의해야 한다.

'만약에'라고 가정하면서 자세하게 견적을 내놓게 되면, "그렇게 저렴하게 할 수 있다면 좀 더 저렴하게 해 주세요."와 같은 요구를 해 올 수 있기 때문에 주의해야 한다.

'만약에 ~라면'을 이용한 질문의 예

Q1: 만약에 강연을 하시면 예산은 어느 정도로 생각하시나요?

Q2: 만약에 할인해드린다면, 구매하실 수 있겠습니까?

실전연습 스크립트 작성하기

Q1: ______________________________

____

Q2: ______________________________

____

Q3: ______________________________

____

Q4: ______________________________

____

Q5: ______________________________

____

Q6: ______________________________

____

11 질문 화술 ②
해결암시형(pp. 108~109)

해결암시형 질문이란?

해결암시형은 상대방으로부터 불만족을 나타내는 행동을 느꼈거나 직접 불편의 말을 들었을 때 그것을 거꾸로 이용하여 '해결을 암시하는 형태'로 만드는 것이다.

상대방이 화가 난 상태라도 절대 기가 죽지 않고, 오히려 상대방의 불만족과 불평을 이용하여 문제를 해결하는 질문을 하는 것이다.

'해결암시형'을 이용한 질문의 예

상대: 귀사는 언제나 납품일이 늦군요!

나: 중요한 점을 지적해 주셨습니다. △△ 씨, 만약에 납품 문제가 해결된다면 다른 문제는 없는 것이지요?

실전연습 스크립트 작성하기

상대: ____________________

나: ____________________

상대: ____________________

나: ____________________

상대: ____________________

나: ____________________

상대: ____________________

나: ____________________

상대: ____________________

나: ____________________

상대: ____________________

나: ____________________

12 질문 화술 ③
성공사례 제시형(pp. 110~111)

성공사례 제시형 질문이란?

성공사례 제시형은 성공한 제3자의 사례를 들어 질문하는 방법이다.

설득과 공감을 얻어야 하는 사람이라면 반론하고 싶어도 상대방의 기분을 상하게 하는 발언은 하지 않아야 한다. 절대로 득이 되지 않기 때문이다. 성공한 제3자의 사례를 들어 이야기함으로써 객관적이고 부드럽게 대화를 진행해야 한다.

제3자의 사례를 들어 이익은 확실하게 제시해 주는 것이 중요하다. 사람은 손해를 보지 않는다는 사실을 알게 되면 안심하는 법이다. 불안을 제거하면 성공에 가까워진다.

'성공사례 제시형'을 이용한 질문의 예

Q1: 마찬가지로 A사의 △△ 씨는 어렵다고 말씀하셨지만, 지금은 달인이 되셨습니다.

Q2: 이 정도 컴퓨터 사양이라면 B사의 ○○ 씨는 개인 문서작성 작업에 충분하다고 말씀하셨습니다.

실전연습 스크립트 작성하기

Q1: ______________________________

____

Q2: ______________________________

____

Q3: ______________________________

____

Q4: ______________________________

____

Q5: ______________________________

____

Q6: ______________________________

____

13

질문 화술 ④

이익 강조형(pp. 112~113)

이익 강조형 질문이란?

이익 강조형은 문자 그대로 여러분의 말에 설득당하고 공감하였을 때 상대방이 얻을 이익을 강조하는 방법이다.

구매자라면 무엇보다 상품을 구매했을 때의 이익을 알고 싶어 한다. 세일즈 및 마케팅 상황이라면 이 점에 유의하여 대화를 진행해야 한다. 고객은 자신의 이익을 생각하면서 상품을 구매해야 하나 말아야 하나를 고민하고 있다는 것을 잊어서는 안 된다.

'이익 강조형'을 이용한 질문의 예

Q1: 이 PC의 무게는 1킬로그램도 되지 않습니다. 갖고 다니기에는 역시 가벼운 것이 좋지 않겠습니까?

Q2: 가죽으로 테두리를 감싸 쉽게 닳지 않고, 고급스러운 느낌이 납니다. 어차피 구매하실 거라면 역시 고급스러운 느낌이 있는 이 수첩이 좋지 않을까요?

Q3: 경제성은 중요하지 않으신가요? 이 유형은 하루에 단돈 1천 원만 투자하시면 됩니다.

실전연습 스크립트 작성하기

Q1: ______________________________

____

Q2: ______________________________

____

Q3: ______________________________

____

Q4: ______________________________

____

Q5: ______________________________

____

Q6: ______________________________

____

14 질문 화술 ⑤

역질문형(pp. 114~115)

역질문형 질문이란?

역질문형이란 질문에 질문으로 대응하는 방법이다. 질문에 대해 질문으로 대응함으로써 상대 만족도를 높여 계속 이어갈 수가 있다.

세일즈맨이라면 고객의 질문에 질문으로 대응하는 방법을 염두에 둬야 한다. 역질문형으로 고객의 요구를 알 수 있다.

'역질문형'을 이용한 질문의 예

Q1)

상대: 귀사에서는 주로 어느 계층을 대상으로 프레젠테이션을 하고 있습니까?

나: 그런 질문을 하시는 이유는 어느 특정 계층을 염두에 두고 계시기 때문인가요?

상대: 신입사원들입니다만 …….

나: 그렇다면 아주 딱 들어맞는 프로그램이 있습니다. 오후에 설명해 드리러 찾아뵐까요?

Q2)

상대: 이게 우리 회사에서 팔릴 것 같습니까?

나: 어떤 점이 마음에 걸리십니까?

상대: 너무 비싸지 않나요?

나: 다른 회사 제품은 어땠습니까?

실전연습 스크립트 작성하기

Q1)

상대: ______________________________

나: ______________________________

상대: ______________________________

나: ______________________________

Q2)

상대: ______________________________

나: ______________________________

상대: ______________________________

나: ______________________________

15 최적의 프레젠테이션(pp. 118~119)

프레젠테이션이란?

프레젠테이션은 어떤 사건이나 사물(상품)에 대해 자기 생각을 상대방에게 전달하는 것이다. 가령, 상품을 설명할 때에는 상대방에게 상품의 이점을 확실하게 전달하지 못하면 아무런 의미가 없다. 프레젠테이션할 때는 일방적으로 설명만 하기보다 상대방의 반응도 확실하게 살펴야 한다.

가장 먼저 포인트 시트(point sheet; 요점 목록)를 준비한다. 이것은 간단하면서도 매우 효과적이다.

상대가 한 명이든 여러 명이든 누군가를 만나서 대화할 경우에는 미리 자기가 생각하고 있는 요점을 기록해 둬야 한다. 이 포인트 시트는 전화로 상대방을 설득할 경우에도 필수적이다.

프레젠테이션은 언제나 중요하므로 철저히 준비해야 한다.

실전에 응용할 포인트 시트 작성하기

상품 ______________________________

상품의 특징	상대방(고객)의 이익
1. ____________	1. ____________
2. ____________	2. ____________
3. ____________	3. ____________
4. ____________	4. ____________
5. ____________	5. ____________
6. ____________	6. ____________
7. ____________	7. ____________

16 설득 화술 ①
(pp. 120~121)

상대방의 이익을 강조하는 '설득 화술'

설득에 성공하는 대화에서 가장 힘이 있는 대화는 '상대방의 이익에 초점을 맞추는 대화'일 것이다.

난방기에 대한 사전 정보가 없는 고령의 고객에게 온도조절장치의 신기술에 대해서 아무리 장황하게 설명해도 판매 성공으로 이어지지 않는다. 고령의 고객이 정말로 알고 싶어 하는 것, 이익이라고 하는 것은 그 난방기가 "나를 정말로 따뜻하게 해 줄까?"이다. 이 사항에 맞추어 대화를 해야 한다.

강조해야 할 사항은 어디까지나 고객이 얻게 될 이익이라는 것을 명심해야 한다.

상품에 초점을 맞춘 설득 화술의 예 – 나쁜 예

나: 이 백과사전의 표지는 가죽소재로 되어 있습니다. 사진은 무려 1,500장이나 실려 있습니다. 각 분야의 유명한 학자 300명을 동원하여 집필하였습니다. 어떠십니까?

상대방의 이익에 초점을 맞춘 설득 화술의 예 - 좋은 예

나: 자녀분이 초등학생이지요? 앞으로의 교육과 시야를 넓히는 데에 반드시 도움이 될 겁니다.

실전연습 스크립트 작성하기

나: ____________________

____

____

나: ____________________

____

____

나: ____________________

____

____

17 설득 화술 ②

(pp. 122~123)

연결어를 활용한 '설득 화술'

"이 수첩의 표지는 가죽제품입니다. 그러므로 고급스러운 느낌이 납니다."

여기에서는 '그러므로'라고 하는 말로 상품의 특징과 사용자가 얻게 될 이익을 연결하고 있다. 이렇게 이어주는 단어를 연결어(Bridge Word)라고 한다.

'그러므로', '이렇게 한 이유는', '따라서', '즉 이것은' 등의 연결 표현을 적절히 사용하여 자연스러운 대화를 한다.

연결어를 활용한 예

Q1: 이 의자는 철제제품입니다. 그러므로 튼튼하고 오래 쓸 수 있습니다.

Q2: 이 의자에는 3센티미터짜리 메모리폼이 설치되어 있습니다. 이렇게 한 이유는 쾌적하고 안락한 상태에서 일의 능률을 올리기 위함입니다.

Q3: 이 의자에는 천이 깔려 있습니다. 따라서 어느 실내장식과도 어울리며 세련되고, 고급스러운 느낌이 납니다.

Q4: 이 의자는 접이식입니다. 즉 이것은 수납하기에 편리하다는 것을 의미합니다.

실전연습 스크립트 작성하기

Q1: ______________________________

____

Q2: ______________________________

____

Q3: ______________________________

____

18 '설득력'이 있는 이야기의 흐름 '화술 버거'(pp. 130~133)

화술 버거

'상품 특징→연결어→고객의 이익→증거'의 순서로 대화를 진행한다. 그리고 마지막 증거에 마음을 담아 설득력을 높인다. '반복효과'를 높이기 위해 '이익질문'을 다짐을 받듯이 추가한다. '중요한 점은 반복하라'는 성공하는 대화의 철칙이다. '중요한 점'이란 상대방이 얻게 될 이익이다. 사람은 자신이 얻게 될 이익에 가장 큰 관심을 둔다.

1. 상품 특징
2. 연결어
3. 고객의 이익
4. 증거
5. 이익질문

이 다섯 단계의 흐름에 따라 대화를 하는데, '화술 버거'라고 부른다.

햄버거를 떠올려 보자. 가장 아래쪽에 빵이 있고, 그 위에 양상추와 고기를 올려놓았다. 그 위에 다시 빵이 있고, 마지막으로 장식꽂이가 꽂혀 있다.

기억하기 쉽게 화술 버거의 가장 밑에서부터 ① 특징의 빵 ② 연결어의 양상추 ③ 이익의 고기 ④ 증거의 빵 ⑤ 이익질문의 장식꽂이 순서로 외우자.

이익질문인 장식꽂이는 이익인 고기 부분까지 꽂혀 있으므로 상대방의 이익을 반복한다는 의미를 담고 있다.

화술 버거

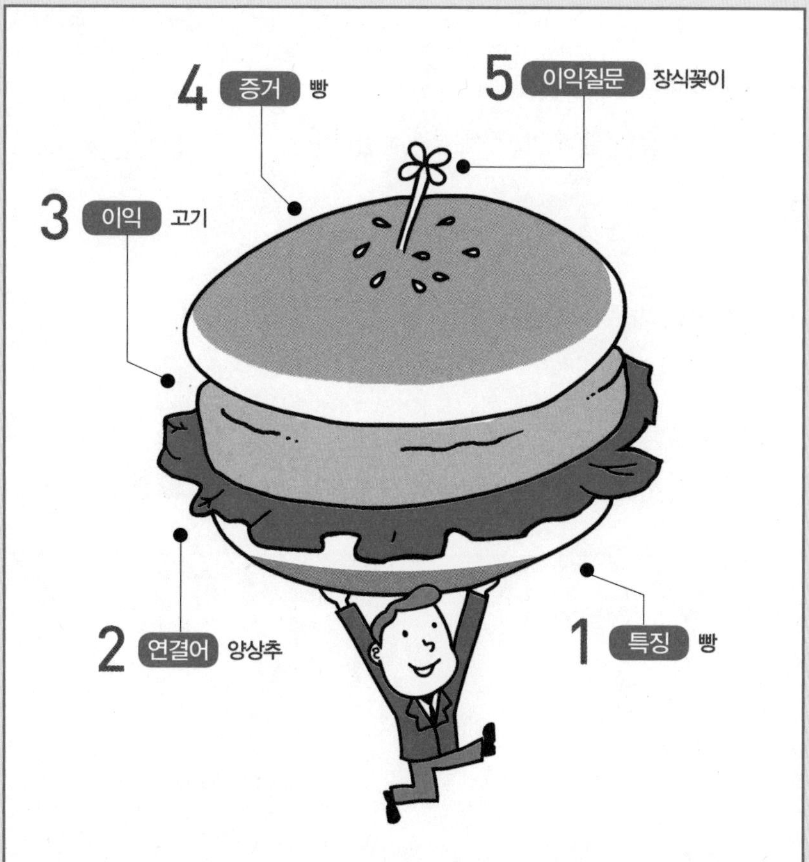

의자를 판매하는 이야기 흐름의 예

1. 상품 특징

"이 의자는 철제제품입니다."

2. 연결어

"그러므로"

3. 고객의 이익

"튼튼하고 오래 쓸 수 있어서 경제적입니다."

4. 증거

"이 사진을 봐 주시겠습니까?"

5. 이익질문

"역시 튼튼하고 오래 쓸 수 있어서 경제적인 편이 좋지 않겠습니까?"

실전연습 스크립트 작성하기

1. 상품 특징

2. 연결어

3. 고객의 이익

4. 증거

5. 이익질문

19 거절에 효과적인 '완충 화술'(pp. 140~143)

완충 화술이란?

'완충 화술'은 설득과 공감이라는 도자기를 거절이라는 외부충격으로부터 보호하는 역할을 한다.

고객의 거절에 대한 가장 좋은 대응은 찬성하기이다. 상대방의 의견에 찬성하여 '맞습니다'는 태도를 보여주고, 상대방의 의견을 존중하고 있다고 느끼도록 해야 한다.

완충 화술을 이용한 예

1. 과연 날카로운 지적이십니다.
2. 처음에는 다들 그렇게 말씀하십니다.
3. 역시 저도 그 점이 중요하다고 생각합니다.
4. 정말로 그렇군요!
5. 그렇게 생각하시는 것이 일반적입니다.
6. 그렇지요? 저도 전적으로 동의합니다.
7. 역시 그 점이 중요한 것이 맞지요?

실전연습 스크립트 작성하기

1: ____

____

2: ____

____

3: ____

____

4: ____

____

5: ____

____

6: ____

____

20 상대방의 속마음을 끌어내기 위한 확인질문(pp. 144~147)

확인질문

가장 좋은 것은 '만약에'를 활용한 확인질문하기이다.

"그렇게 말씀하시는 분들도 계십니다. 분명 20일은 좀 길 수도 있겠습니다. 그런데 만약에 그 납품일 관련 문제만 해결해 드리면 구매하시겠습니까?"

이런 식으로 '만약에'를 사용해 확인질문을 하면서 이야기를 진행한다.

확인질문을 이용한 예

상대: 납품일이 늦어서 당신 회사 것은 안 됩니다.

나: 그렇게 말씀하시는 분들도 계십니다. 분명 20일은 좀 길 수도 있겠습니다. 그런데 만약에 그 납품일 관련 문제만 해결해 드리면 구매하시겠습니까?

실전연습 스크립트 작성하기

상대: ______________________________

____

나: ______________________________

____

상대: ______________________________

____

나: ______________________________

____

상대: ______________________________

____

나: ______________________________

____

21 제3자의 의견을 빌려 이야기한다(pp. 148~149)

제3자의 의견을 빌려 이야기한다

거절을 완충 화술로 받아들이고 나서 대화 중에 상대방에게 '성공 사례'를 이야기로 들려줘 설득력을 높인다.

"조금 비싸군요!"라는 반론에 "그 점을 중요하게 생각하시는군요. 사실은 ㅇㅇ회사도 같은 말씀을 하셨습니다. 하지만 지금은 30세트나 구매하셨지요. 그 이유는 ……." 처럼 동의하고 나서 그 단점에도 불구하고 다른 사람이 사용하는 이유를 들려준다.

또한, 반론에 대답하는 방법으로 '제3자의 사례를 든다'는 방법이 있다. 특히 상대방과의 의견이 다를 때 제3자를 개입시키면 상대방에게 상처 주지 않고 설득과 공감의 대화를 진행할 수 있다.

제3자의 의견을 빌려 이야기하는 방법을 이용한 예

상대: "데스크톱으로 충분하지 않나요?"

나: "ㅇㅇ회사는 한 사람당 한 대의 노트북 제공을 방침으로 결정하셨습니다. 마찬가지로 데스크톱으로 할지 노트북으로 할지 오래 고민한 다음 내린 결정이었다고 합니다. 어떻습니까?"

실전연습 스크립트 작성하기

상대: ____________________

____

나: ____________________

____

상대: ____________________

____

나: ____________________

____

상대: ____________________

____

나: ____________________

____

22 거절에 대처하는 최상의 화술 'READY법'(pp. 158~161)

R = 리턴법(Return)

E = 설명법(Explain)

A = 인정법(Admit)

D = 부정법(Denial)

Y = 질문법(Ask why)

R = 리턴법(Return)

리턴법(Return; R)

부메랑법이라고 부르는 방법이다. 상대방의 거절을 그대로 상대방에 대한 대화의 강조 포인트로 되돌려 준다. 즉 상대방의 거절을 오히려 '꼭 구매해야만 하는 이유'로 만들어 버린다.

리턴법을 이용한 예문

상대: 귀사는 다른 곳보다 10% 비싸서 못 사겠네요.

나: 10% 비싸서 오히려 추천해 드립니다. 처음에는 좀 비싸지만 오래 사용할 수 있어 장기적으로 볼 때 경제적으로 도움이 될 것입니다.

실전연습 스크립트 작성하기

상대: ______________________________

____

나: ______________________________

____

E = 설명법(Explain)

설명법(Explain; E)

기본 중의 기본으로 설득과 공감의 대화를 이끄는 사람에게는 필수 화술이다. 설명할 때에는 자세하게 그리고 정중하게 설명한다.

설명법을 이용한 예문

상대: 사용하기가 조금 어렵군요!

나: 자, 그럼 한 번 더 설명해 드리겠습니다. 사용방법이 다른 회사 제품보다 간단합니다. 그래서 사용하기 편하다는 평가와 함께 아주 인기가 많습니다.

실전연습 스크립트 작성하기

상대: ______________________________

____

나: ______________________________

____

A = 인정법(Admit)

인정법(Admit; A)

여러분 의견과 반대되더라도 상대방의 주장은 모두 인정하고 나서 다른 이점을 강조하는 화술이다.

인정법을 이용한 예

상대: 크기가 너무 큽니다!

나: 예, 말씀하신 대로 다른 회사 것보다 크게 만들어졌습니다. 안정성과 성능 측면에서는 이 점이 중요한데 …….

실전연습 스크립트 작성하기

상대: ____________________

____

나: ____________________

____

D = 부정법(Denial)

부정법(Denial; D)

상대방의 명확한 실수나 오해는 단호하게 부정한다.

부정법을 이용한 예

상대: 어차피 지금 사봐야 다음 달이면 신제품이 나올 거잖아요?

나: 그런 사실은 전혀 없습니다! 아직 신제품 출시 계획이 없습니다.

실전연습 스크립트 작성하기

상대: ______________________________

____

나: ______________________________

____

Y = 질문법(Ask why)

질문법(Ask why; Y)

지금까지 살펴본 질문 화술의 하나이다. 구체적으로는 '질문에는 질문으로 대응한다'라는 의미이다. 상대방의 속마음을 알 수 있도록 거절과 질문에 더 깊은 질문으로 대응한다.

질문법을 이용한 예

상대: 크기가 너무 큽니다!

나: 그럼 어느 정도의 크기가 좋으시겠습니까?

실전연습 스크립트 작성하기

상대: ______________________________

____

나: ______________________________

____

23 상대방의 최종의사를 확인하는 '테스트 클로징'(pp. 164~167)

테스트 클로징

대화의 목표는 설득과 공감을 얻는 것이고, 세일즈맨의 목표는 계약을 맺는 것이다.

설득과 공감에 성공하는 대화는 적절한 시기에 마무리하지 않으면, 아무리 오랜 시간이 지나더라도 성공으로 이어지지 않는다.

테스트 클로징은 다음과 같은 단계로 진행한다.

일반적인 질문 → 요점 질문 → 마법의 질문

테스트 클로징을 이용한 예

Q1 : 어떠십니까? 제 설명을 통해 이해가 되셨습니까?

Q2 : 사용법은 아시겠습니까?

Q3 : 만약에 이 프로그램을 채용하신다면, 언제쯤 몇 명이나 참가하게 되나요?

실전연습 스크립트 작성하기

Q1:

Q2:

Q3:

Q4:

Q5:

Q6:

24 '대차대조표'를 활용한 화술로 클로징한다(pp. 168~171)

대차대조표

상대방의 '망설임'을 이용하는 것이다. 상대방의 걱정, 망설임을 해소해 주면, 성공에 더욱 가까워진다. 망설이고 있는 요점과 상대방이 얻게 될 이익을 눈에 보이는 형태로 만들어 비교해 보면 실질적인 장점을 알 수 있다. 예를 들어 세일즈 및 마케팅 상황에서 필요한 품질에 대해 호소하는 대차대조표를 한 장으로 만든다.

일부러 '부정적인 면'을 언급하여 '긍정적인 면'을 강조하는 것이다.

부정적인 면을 인정한 다음에 그것을 해결할 수 있는 더 좋은 긍정적인 면을 강조하는 것이기 때문에 오히려 설득력은 높아진다.

대차대조표를 이용한 클로징의 예

"우리 회사 상품이 첫째 다른 회사보다 10% 정도 비싸다, 둘째 내구성 면에서 튼튼할지 의문이다 라고 말씀하셨지요?

그 점에 대해 첫째 10% 비싼 대신에 다른 회사보다 2배 정도 오래 사용할 수 있다, 둘째 애프터서비스에 온 힘을 쏟고 있다, 셋째 지급은 계약금 없이 분할납부가 가능하다, 넷째 안전성평가연구소에서 검증받은 결과표를 보내드리겠다, 다섯째 이미 3만 명 가까운 사용자가 계신다 라고 말씀드렸습니다.

어떠십니까? 제 생각에는 지금 당장 구매하시는 쪽이 훨씬 유리할 것 같습니다."

실전연습 대차대조표 작성하기

상대방이 망설이는 요점	상대방이 얻을 수 있는 이익
1. ______________	1. ______________
2. ______________	2. ______________
3. ______________	3. ______________
4. ______________	4. ______________
5. ______________	5. ______________
6. ______________	6. ______________
7. ______________	7. ______________

잘 먹히는 공감실전화술

인간심리를 기초로 한 이기는 말 연습

초판 1쇄 발행 | 2015년 03월 23일

지은이 | 하코다 타다아키(Tadaaki Hakoda) **번역** | 안양동
기획편집총괄 | 호혜정
편집 | 호혜정 고아라
표지·본문 디자인 | 김민정
일러스트 | 이재현
교정·교열 | 호혜정 김민지

펴낸곳 | 리텍 콘텐츠
발행인 | 김창수
출판등록 | 2011년 6월 28일 제 2011-000200호
주소 | 서울시 용산구 새창로 217 토투밸리 405호
전화 | 02-2051-0311 **팩스** | 02-6280-0371
홈페이지 | http://www.ritec.co.kr
블로그 금융항아리 | http://blog.naver.com/ritec1
카카오스토리
책속의처세 | https://story.kakao.com/ch/bookwisdom
부(富)의지혜 | https://story.kakao.com/ch/riteccontents
ISBN | 979-11-86151-01-3 (13320)

* 이 도서의 국립중앙도서관 출판예정도서목록(CIP)은 서지정보유통지원시스템 홈페이지(http://seoji.nl.go.kr)와 국가자료공동목록시스템 (http://www.nl.go.kr/kolisnet)에서 이용하실 수 있습니다.(CIP제어번호: CIP2015006910)

잘 먹히는 "공감실전화술" : 인간심리를 기초로 한 이기는 말 연습 / 지은이: 하코다 타다아키 ; 번역: 안양동.
— 서울 : 리텍콘텐츠, 2015 p. ; cm

원표제: これだけは知っておきたい「セールストーク」の基本と実践テクニック
원저자명: 箱田忠昭
일본어 원작을 한국어로 번역
ISBN 979-11-86151-01-3 13320 : ₩15000

화술(언어)[話術]
마케팅[marketing]

325.5-KDC6
658.8-DDC23 CIP2015006910